面向"十三五"高职高专项目导向式教改教材·财经系列

出 纳 实 务

常 红 主 编
任翔燕 李 琳 于 逢 副主编

清华大学出版社
北 京

内 容 简 介

本书依据《会计基础工作规范》《中华人民共和国票据法》《支付结算办法》等法律法规的要求，将出纳岗位的要求与实际工作相结合，以任务驱动教学过程，让学生在获取专业知识的同时提升岗位技能。

根据从事出纳岗位工作的要求及会计专业入门学习者的认知规律，本书的内容共分为三个部分：第一部分介绍出纳岗位的工作内容、工作要求及从事出纳工作必备的基本技能；第二部分创建虚拟企业情境，以仿真的工作任务引导学生学习出纳岗位主要业务的实务操作；第三部分通过综合的模拟训练巩固学生的学习成果，提升实践工作能力。

本书将理论与实践深入结合，体例新颖，信息量大，内容通俗易懂，实用性强，充分体现了高职教育的特点和要求。本书既可作为高职高专院校财会类专业的教材使用，也可作为对会计工作感兴趣或有志于从事会计工作的相关人员的自学参考用书。

本书封面贴有清华大学出版社防伪标签，无标签者不得销售。
版权所有，侵权必究。侵权举报电话：010-62782989，beiqinquan@tup.tsinghua.edu.cn。

图书在版编目(CIP)数据

出纳实务/常红主编. —北京：清华大学出版社，2019（2024.2重印）
(面向"十三五"高职高专项目导向式教改教材·财经系列)
ISBN 978-7-302-53596-6

Ⅰ．①出… Ⅱ．①常… Ⅲ．①出纳—会计实务—高等职业教育—教材 Ⅳ．①F233

中国版本图书馆 CIP 数据核字(2019)第 170436 号

责任编辑：梁媛媛
封面设计：刘孝琼
责任校对：李玉茹
责任印制：沈　露

出版发行：清华大学出版社
网　　址：https://www.tup.com.cn，https://www.wqxuetang.com
地　　址：北京清华大学学研大厦 A 座　　邮　编：100084
社 总 机：010-83470000　　邮　购：010-62786544
投稿与读者服务：010-62776969，c-service@tup.tsinghua.edu.cn
质量反馈：010-62772015，zhiliang@tup.tsinghua.edu.cn
课件下载：https://www.tup.com.cn，010-62791865

印 装 者：三河市科茂嘉荣印务有限公司
经　　销：全国新华书店
开　　本：185mm×260mm　　印　张：17.5　　字　数：395 千字
版　　次：2019 年 9 月第 1 版　　印　次：2024 年 2 月第 5 次印刷
定　　价：49.00 元

产品编号：071755-03

前　言

出纳是会计工作最基本的内容，也是会计专业学生进入会计行业的工作起点。出纳岗位主要负责单位的现金收支、银行结算、货币资金及有价证券保管等工作，虽然工作内容相对单一，但工作责任重大且对从业人员的职业素质及专业技能有着较高的要求。作为财会类专业的重要课程，出纳实务课程主要传授学生从事出纳工作的专业知识及法律法规的要求，培养学生处理出纳业务的基本技能和专业技能，使学生熟练办理现金、银行等业务，具备出纳人员应有的职业素质。

我们结合近几年会计工作的最新发展及高等职业教育的教学要求，编写了本书。在编写过程中，我们贯彻了以下原则。

(1) 理论与实践相结合。出纳是对实践能力要求较高的一项工作，编写中我们本着"够用"的原则，将理论知识融入工作任务，在实务中让学生掌握专业知识；通过大量仿真的资料让学生在学习中认知实践工作。

(2) 以任务驱动教学过程。在介绍出纳实务操作时，我们创建了虚拟企业，让学生在仿真的业务情境中，以完成出纳工作任务的方式进行学习。通过"做中学"的方式实现"完成课程学习即能顶岗工作"的目标。

(3) 以能力为本，注重实践性和应用性。本书以构建"能力为本"的课程为出发点，突出实践工作的流程，按工作过程讲解出纳各环节工作的内容及要求，与实践工作密切结合，可操作性强，更符合高职能力培养的教学要求及高职学生的认知规律和学习特点。

在内容组织上，本书的学习内容共分为三个部分。第一部分——知识技能引导。引导学生认知出纳工作并学习担任出纳岗位必备的基本技能。第二部分——出纳实务操作。其内容包括库存现金业务、非票据结算业务、票据结算业务、货币资金期末处理和出纳工作交接与档案管理5个项目，共15个学习任务，按工作流程以实际工作任务引导学生系统学习出纳实务工作的内容和要求。第三部分——综合技能训练。以模拟企业完整的一套业务检验学生的学习成果，提升学生的实际操作能力。

本书体例新颖，内容充实，配备了丰富的实务操作实例及票据，每个项目学习完成后还有相应的同步练习，无论是教师教学还是学生自学都具有很强的实用性。

本书由济南职业学院的常红任主编，济南职业学院的任翔燕、李琳、于逄任副主编。常红负责构建全书总体框架、总纂统稿及知识技能引导、综合技能训练，以及出纳实务操作中项目一、项目三中的支票结算业务和项目四的编写。任翔燕负责出纳实务操作中项目五的编写。李琳负责出纳实务操作中项目三除支票结算业务外学习任务及同步练习的编写。于逄负责出纳实务操作中项目二的编写。济南舜泉工程咨询监理有限公司的常波参与了本书知识技能引导和综合技能训练部分的编写，并对本书进行了校对。

本书参考了厦门网中网软件有限公司研发的《网中网会计虚拟实习平台软件Ⅴ2.0》及《出纳实务实训教学平台(版本6.1)》中的内容，引用了其中的部分资源及素材。教师教学中配合使用网中网实训平台可以达到更好的教学效果。同时，本书在编写过程中参考了同类书籍和文献资料，也得到了许多企业会计专业人员的大力支持，在此向各位作者及企业实践专家们致以诚挚的谢意。由于编者水平有限，书中难免有疏漏及不妥之处，恳请同行专家及读者批评指正。

  本书既可作为高职高专院校财会类专业的教材使用，也可作为对会计工作感兴趣或有志于从事会计工作的相关人员的自学参考用书。课程教学课件及同步练习和综合技能训练的参考答案可向出版社索取。

编 者

目 录

第一部分 知识技能引导

一、出纳岗位的设置 2
二、出纳岗位工作内容 2
三、出纳岗位工作要求 3
四、出纳人员配备 4
五、出纳人员任职要求 4
六、出纳基本技能要求 5

第二部分 出纳实务操作

项目一 库存现金业务 19

任务 1.1 现金存取业务 20
 典型工作任务 1.1.1 提取备用金 22
 典型工作任务 1.1.2 现金存入银行 27
任务 1.2 现金日常收付业务 30
 典型工作任务 1.2.1 职工预借差旅费 31
 典型工作任务 1.2.2 收回职工预借款 34
 典型工作任务 1.2.3 现金采购 37
 典型工作任务 1.2.4 取得现金收入 40
同步练习 43

项目二 非票据结算业务 47

任务 2.1 银行结算账户管理 48
 典型工作任务 2.1.1 银行结算账户的开立 52
 典型工作任务 2.1.2 银行结算账户的变更 58
 典型工作任务 2.1.3 银行结算账户的撤销 60
任务 2.2 汇兑结算业务处理 62
 典型工作任务 2.2.1 购入汇兑凭证 64
 典型工作任务 2.2.2 电汇付款业务 67
 典型工作任务 2.2.3 电汇收款业务 71
任务 2.3 委托收款结算业务处理 73
 典型工作任务 2.3.1 销售商品收款业务 76
 典型工作任务 2.3.2 采购商品付款业务 80
任务 2.4 托收承付结算业务处理 84
 典型工作任务 2.4.1 销售商品委托收款业务 86
 典型工作任务 2.4.2 采购商品支付货款业务 91
 典型工作任务 2.4.3 采购业务拒绝支付货款 95
同步练习 98

项目三 票据结算业务 101

任务 3.1 支票结算业务 103
 典型工作任务 3.1.1 支票的领购 106
 典型工作任务 3.1.2 转账支票付款 109
 典型工作任务 3.1.3 转账支票收款 113
 典型工作任务 3.1.4 支票背书转让 117
 典型工作任务 3.1.5 支票退票 121
 典型工作任务 3.1.6 支票遗失 124

任务 3.2　银行汇票结算业务 127
　　　　典型工作任务 3.2.1　申请银行汇票 130
　　　　典型工作任务 3.2.2　使用银行汇票付款 135
　　　　典型工作任务 3.2.3　收回银行汇票余款 137
　　　　典型工作任务 3.2.4　收到银行汇票 139
　　任务 3.3　银行本票业务处理 144
　　　　典型工作任务 3.3.1　申请银行本票 146
　　　　典型工作任务 3.3.2　使用银行本票付款 150
　　　　典型工作任务 3.3.3　收到银行本票 152
　　任务 3.4　商业汇票业务处理 157
　　　　典型工作任务 3.4.1　商业承兑汇票付款 166
　　　　典型工作任务 3.4.2　商业承兑汇票收款 171
　　　　典型工作任务 3.4.3　银行承兑汇票付款 177

　　　　典型工作任务 3.4.4　银行承兑汇票收款 187
　　　　典型工作任务 3.4.5　商业汇票贴现 193
　　同步练习 200

项目四　货币资金期末处理 205
　　任务 4.1　库存现金清查 206
　　　　典型工作任务 4.1.1　现金盘点 206
　　　　典型工作任务 4.1.2　盘点结果的处理 208
　　任务 4.2　银行存款核对 210
　　　　典型工作任务　核对银行存款 211
　　任务 4.3　期末结账 215
　　　　典型工作任务　年末结账 216
　　同步练习 218

项目五　出纳工作交接与档案管理 221
　　任务 5.1　出纳工作交接 222
　　　　典型工作任务　出纳工作交接 224
　　任务 5.2　出纳档案保管 226
　　同步练习 228

第三部分　综合技能训练

参考文献 273

第一部分　知识技能引导

一、出纳岗位的设置

出纳是机关、团体、企事业单位中货币资金、票据的付出和收入的简称。其通常包含两层意思:一是指出纳工作,即按照有关规定和制度,办理本单位关于货币资金及票据的收入、付出、结存等业务;二是指人员,即管理和经办货币资金及票据收入、付出、库存的财会人员。

在日常经济生活中,为什么要设置出纳岗位呢?首先,货币资金作为一种特殊的商品,是人们最为关心和渴求的一种财富,也是流动性最强、性能最活跃的一种流动资产。所以现金不同于其他资产,要进行更严格的管理和核算,要有严格的流程和程序、相互监督和制约的手段、更加准确的记录和计量,从而保证其安全完整和不受损失。通过设置出纳岗位,由专门的人员负责货币资金的核算和管理,可以保证货币资金的安全完整,更全面、真实、准确地反映单位某一时期货币资金的增减变动,同时也有利于保证企业对货币资金的合理运用。其次,货币资金核算和管理制度中要求账钱分管的规定也需要通过设置出纳岗位来实现。为保证货币资金的安全完整,要求货币资金的日常核算和管理要做到钱账分管,也就是说:一部分财会人员(会计员)分管账目(指现金总账,或称总账中的现金科目);一部分财会人员(出纳员)具体分管现金的收、付、存,以互相配合、互相制约,共同管理好现金的核算和管理工作。

会计制度对各单位会计、出纳机构与人员的设置并没有硬性规定,而是让企业根据自身情况和实际需要来设定。《中华人民共和国会计法》(以下简称《会计法》)第二十一条第一款规定:"各单位根据会计业务的需要设置会计机构,或者在有关机构中设置会计人员并指定会计主管人员。不具备条件的,可以委托经批准设立的会计咨询、服务机构进行代理记账。"因此,各单位可根据单位规模大小和货币资金管理的要求,结合出纳工作的繁简程度来设置出纳机构。出纳机构一般设置在会计机构内部,以工业企业为例,大型企业可在财务处下设出纳科;中型企业可在财务科下设出纳室;小型企业可配备专职出纳员。有些主管公司,为了资金的有效管理和总体利用效益,把若干分公司的出纳业务(或部分出纳业务)集中起来办理,成立专门的内部"结算中心"。这种"结算中心",实际上也是出纳机构。

二、出纳岗位工作内容

出纳的日常工作主要是进行货币资金的核算,具体包括以下内容。

(1) 办理现金收付业务。严格按照国家有关现金管理制度的规定,根据稽核人员审核签章的收付款凭证,进行复核,办理款项收付。

(2) 办理银行结算业务。严格按照《会计法》《中华人民共和国票据法》(以下简称《票据法》)《会计基础工作规范》《银行支付结算办法》等法律法规的有关规定,合法办理银行结算业务。

(3) 登记现金、银行存款日记账。根据已经办理完毕的收付款凭证,逐笔顺序登记现金和银行存款日记账,结出余额,并及时进行账实核对。

(4) 保管库存现金及有价证券。对于现金和各种有价证券,要确保其安全和完整无缺。

各单位要建立适合本单位情况的现金及有价证券保管制度,并严格执行。如果发现库存现金有短缺或盈余,应查明原因,属于出纳人员责任范围的,出纳人员要进行赔偿。

(5) 保管空白票据及有关印鉴。出纳人员所管的印鉴必须妥善保管,严格按照规定用途使用。但签发支票的各种印章,不得全部交由出纳一人保管。对于空白收据和空白支票必须严格管理,专设登记簿登记,认真办理领用注销手续。

(6) 办理外汇出纳业务。对于有对外贸易业务的单位,出纳人员应熟悉国家外汇管理制度,及时办理结汇、购汇和付汇业务。

(7) 单位安排的其他工作。出纳除办理货币资金核算业务外,还可以按企业的清算制度,办理往来款项的结算业务及工资核算业务。往来款项核算业务是如企业与内部核算单位和职工之间的款项结算,企业与外部单位不能办理转账手续和个人之间的款项结算等;工作核算业务主要是审核工资单据,发放工资奖金。

三、出纳岗位工作要求

按照《会计法》、财政部《会计基础工作规范》等财会法规的规定,出纳办理货币资金的核算工作有以下要求。

(1) 单位应当建立货币资金业务的岗位责任制,明确相关部门和岗位的职责权限,确保办理货币资金业务的不相容岗位相互分离、制约和监督。

出纳人员不得兼任稽核、会计档案保管和收入、支出、费用、债权债务账目的登记工作。

单位不得由一人办理货币资金业务的全过程。

(2) 单位办理货币资金业务,应当配备合格的人员,并根据单位具体情况进行岗位轮换。

办理货币资金业务的人员应当具备良好的职业道德,忠于职守,廉洁奉公,遵纪守法,客观公正,不断提高会计业务素质和职业道德水平。

(3) 单位应当对货币资金业务建立严格的授权批准制度,明确审批人对货币资金业务的授权批准方式、权限、程序、责任和相关控制措施,规定经办人办理货币资金业务的职责范围和工作要求。

(4) 审批人应当根据货币资金授权批准制度的规定,在授权范围内进行审批,不得超越审批权限。

经办人应当在职责范围内,按照审批人的批准意见办理货币资金业务。对于审批人超越授权范围审批的货币资金业务,经办人员有权拒绝办理,并及时向审批人的上级授权部门报告。

(5) 单位应当按照规定的程序办理货币资金支付业务。

① 支付申请。单位有关部门或个人用款时,应当提前向审批人提交货币资金支付申请,注明款项的用途、金额、预算、支付方式等内容,并附有效经济合同或相关证明。

② 支付审批。审批人根据其职责、权限和相应程序对支付申请进行审批。对不符合规定的货币资金支付申请,审批人应当拒绝批准。

③ 支付复核。复核人应当对批准后的货币资金支付申请进行复核,复核货币资金支付申请的批准范围、权限、程序是否正确,手续及相关单证是否齐备,金额计算是否准确,支付方式、支付单位是否妥当等。复核无误后,交由出纳人员办理支付手续。

④ 办理支付。出纳人员应当根据复核无误的支付申请,按规定办理货币资金支付手续,及时登记现金和银行存款日记账。

(6) 单位对于重要货币资金支付业务,应当实行集体决策和审批,并建立责任追究制度,防范贪污、侵占、挪用货币资金等行为。

(7) 严禁未经授权的机构或人员办理货币资金业务或直接接触货币资金。

(8) 单位应当加强与货币资金相关的票据的管理,明确各种票据的购买、保管、领用、背书转让、注销等环节的职责权限和程序,并专设登记簿进行记录,防止空白票据的遗失和被盗用。

(9) 单位应当加强银行预留印鉴的管理。财务专用章应由专人保管,个人名章必须由本人或其授权人员保管。严禁一人保管支付款项所需的全部印章。

按规定需要有关负责人签字或盖章的经济业务,必须严格履行签字或盖章手续。

(10) 国家机关、国有企业、事业单位任用会计人员应当实行回避制度。

单位领导人的直系亲属不得担任本单位的会计机构负责人、会计主管人员。会计机构负责人、会计主管人员的直系亲属不得在本单位会计机构中担任出纳工作。

需要回避的直系亲属有:夫妻关系、直系血亲关系、三代以内旁系血亲以及配偶亲关系。

四、出纳人员配备

一般来讲,实行独立核算的企业单位,在银行开户的行政、事业单位,有经常性现金收入和支出业务的企业、行政事业单位都应配备专职或兼职出纳人员,担任本单位的出纳工作。出纳人员配备的多少,主要取决于本单位出纳业务量的大小和繁简程度,以业务需要为原则,既要满足出纳工作量的需要,又要避免徒具形式、人浮于事的现象。一般可采用一人一岗、一人多岗、一岗多人等几种形式。

(1) 一人一岗。规模不大的单位,出纳工作量不大,可设专职出纳员一名。

(2) 一人多岗。规模较小的单位,出纳工作量较小,可设兼职出纳员一名。如无条件单独设置会计机构的单位,至少要在有关机构中(如单位的办公室、后勤部门等)配备兼职出纳员一名。但兼职出纳不得兼管收入、费用、债权、债务账目的登记工作及稽核工作和会计档案保管工作。

(3) 一岗多人。规模较大的单位,出纳工作量较大,可设多名出纳员,如分设管理收付的出纳员和管账的出纳员,或分设现金出纳员和银行结算出纳员等。

五、出纳人员任职要求

从事出纳岗位工作的人员,要有较高的政策水平,并且要随时学习、了解财经法规和制度,持续提高政策水平;作为专职出纳人员,不但要具备处理一般会计事项的财会专业基本知识,还要具备较高的处理出纳事项的出纳专业知识水平和较强的数字运算能力,不断提高业务技能;出纳人员要有严谨细致的工作作风,要增强自身的职业意识,把保护自身分管的公共财产物资的安全作为自己的首要任务来完成;出纳人员应具备良好的职业道德修养,要做到敬业爱岗、熟悉法规、依法办事、客观公正、搞好服务、保守秘密六个方面。

六、出纳基本技能要求

(一)数字书写

出纳要填写票据、凭证，登记现金日记账和银行存款日记账，因此规范书写数字是一项必备的基本素质。《会计基础工作规范》对数字的书写提出了基本要求。

1. 阿拉伯数字的书写

(1) 会计数码书写时，应从左至右，笔画顺序是自上而下，先左后右，防止写倒笔字；每个数字要大小匀称，笔画流畅，除"4""5"以外的数字，必须一笔写成，不能人为地增加数字的笔画；每个数码独立有形，使人一目了然，不能连笔书写。

(2) 要连着写几个零时，一定要单个写，不能将几个零连在一起一笔写完。

(3) 书写排列有序，且字体要自右上方向左下方倾斜地写，数字与底线通常成60°左右的倾斜。

(4) 书写的每个数字要贴紧底线，但上不可顶格。一般每个格内数字占1/2或2/3的位置，要为更正数字留有余地。

(5) 数字的排列要整齐，数字之间的空隙应均匀，不宜过大。同行的相邻数字之间要空出半个阿拉伯数字的位置，但也不可预留间隔(以不能增加数字为好)。

(6) 数字"6"要比一般数字向右上方长出1/4，数字"7"和"9"要向左下方(过底线)长出1/4。

(7) 对于易混淆且笔顺相近的数字，在书写时，尽可能地按标准字体书写，区分笔顺，避免混同，以防涂改。例如，数字"1"不可写得过短，要保持倾斜度，将格子占满，这样可防止改写为"4""6""7""9"；书写数字"6"时要比一般数字向右上方长出1/4，下圆要明显，以防止改写为"8"；数字"6""8""9""0"的圆必须封口。

(8) 在填写凭证、登记账簿时，阿拉伯金额数字前面应当书写货币币种符号或者货币名称简写和币种符号。币种符号与阿拉伯金额数字之间不得留有空白。凡阿拉伯数字前写有币种符号的，数字后面不再写货币单位。

所有以元为单位(其他货币种类的货币基本单位，下同)的阿拉伯数字，除表示单价等情况外，一律填写到角分；无角分的，角位和分位可写"00"，或者符号"——"；有角无分的，分位应当写"0"，不得用符号"——"代替。

书写示例如下。

2. 中文大写数字的书写

(1) 中文大写数字金额，如零、壹、贰、叁、肆、伍、陆、柒、捌、玖、拾、佰、仟、万、亿等，一律用正楷或者行书体书写，不得用〇、一、二、三、四、五、六、七、八、九、十等简化字代替，不得任意自造简化字。

(2) 大写金额要紧靠"人民币"三个字书写，不得留有空白，如果大写数字前没有印"人民币"字样的，应加填"人民币"三个字。

(3) 中文大写金额数字到"元"为止的，在"元"之后，应写"整"(或"正")字，在"角"之后，可以不写"整"(或"正")字。大写金额数字有"分"的，"分"后面不写"整"(或"正")字。例如，¥12 000.00应写成"人民币壹万贰仟元整"。再如，¥48 651.80可写成"人民币肆万捌仟陆佰伍拾壹元捌角"，而¥486.56应写成"人民币肆佰捌拾陆元伍角陆分"。

(4) 阿拉伯数字中间有"0"时，中文大写要写"零"字，如¥1 409.50，应写成"人民币壹仟肆佰零玖元伍角"。阿拉伯数字中间连续有几个"0"时，中文大写金额中间可以只写一个"零"字，如¥6007.14，应写成"人民币陆仟零柒元壹角肆分"。

(5) 阿拉伯金额数字万位和元位是"0"，或者数字中间连续有几个"0"，万位、元位也是"0"，但千位、角位不是"0"时，中文大写金额中可以只写一个"零"字，也可以不写"零"字。例如，¥1 680.32，应写成"人民币壹仟陆佰捌拾元零叁角贰分"，或者写成"人民币壹仟陆佰捌拾元叁角贰分"。又如，¥107 000.53应写成"人民币壹拾万柒仟元零伍角叁分"，或者写成"人民币壹拾万零柒仟元伍角叁分"。

(6) 阿拉伯金额数字角位是"0"，而分位不是"0"时，中文大写金额"元"后面应写"零"字。例如，¥16 409.02应写成"人民币壹万陆仟肆佰零玖元零贰分"；又如，¥325.04，应写成"人民币叁佰贰拾伍元零肆分"。

(7) 阿拉伯金额数字最高位是"1"时，汉字大写金额加写"壹"字。例如，¥15.80应写成"人民币壹拾伍元捌角"。又如，¥135 800.00应写成"人民币壹拾叁万伍仟捌佰元整"。

汉字标准写法示例(中文大写数字参考字体)如下。

楷书：壹 贰 叁 肆 伍 陆 柒 捌 玖 拾 佰 仟 万 亿 元 角 分

行书：壹 贰 叁 肆 伍 陆 柒 捌 玖 拾 佰 仟 万 亿 元 角 分

(二)点钞

点钞泛指清点各种票币，通常是点纸币的一种俗称，指徒手或借助工具、机器来进行钞票记数的一种技术，是出纳人员需掌握的基本技能之一。

1. 手工点钞的基本步骤

(1) 持钞。把待点的成把钞券的封条移至一侧或拆掉。一般左手持抄，持抄的姿势因点钞的方法不同而不同。

(2) 清点记数。即清点钞票数，是直接体现点钞速度和准确度的关键环节。

(3) 挑残破票。点钞发现残破票时，应随手将残破票折向外边，待点完一把后，抽出残破票，补上完整票。

(4) 墩齐扎把。钞券点好后必须墩齐(4条边水平，不露头，卷角拉平)才能扎把。用腰条扎紧，以提起把中第一张钞票不被抽出为准。

(5) 盖章。钞券扎好后要加盖经办人人名章。人名章要盖在钞券上侧的腰条纸上，也可以集中盖章。盖章要盖得工整、清晰，不要漏盖，以明确责任。

2. 手工点钞的基本要求

(1) 指法正确，动作协调。

(2) 精力集中，环环相扣。清点时，两手点钞，两眼看钞，脑子计数，手、眼、脑要相互配合好。例如，点完 100 张墩齐钞券后，左手持票，右手取腰条纸，同时左手的钞券跟上去，迅速扎好小把；在右手放票的同时，左手取另一把钞券准备清点，而右手顺手沾水清点；等等。这样就使扎把和持票及清点各环节紧密地衔接了起来。

(3) 稳中求快，快中求准。

(4) 反假防假，严防差错。

3. 点钞的方法

(1) 单指单张点钞法。用一个手指一次点一张的方法叫单指单张点钞法。这种方法是点钞中最基本也是最常用的一种方法，使用范围较广，频率较高，适用于收款、付款和整点各种新旧大小钞票。这种点钞方法由于持票面小，能看到票面的 3/4，容易发现假钞票及残破票，缺点是点一张记一个数，比较费力。其具体操作方法如下。

①持票。左手横持钞票，下面朝向身体，左手拇指在钞票正面左端约 1/4 处，食指与中指在钞票背面与拇指同时捏住钞票，无名指与小指自然弯曲并伸向票前左下方，与中指夹紧钞票，食指伸直，拇指向上移动，按住钞票侧面，将钞票压成瓦形，左手将钞票从桌面上擦过，拇指顺势将钞票向上翻成微开的扇形，同时，右手拇指、食指作点钞准备。②清点。左手持钞并形成瓦形后，右手食指托住钞票背面右上角，用拇指尖逐张向下捻动钞票右上角，捻动幅度要小，不要抬得过高。要轻捻，食指在钞票背面的右端配合拇指捻动，左手拇指按捏钞票不要过紧，要配合右手起自然助推的作用。右手的无名指将捻起的钞票向怀里弹，要注意轻点快弹。③记数。与清点同时进行。在点数速度快的情况下，往往由于记数迟缓而影响点钞的效率，因此记数应该采用分组记数法。把 10 作 1 记，即 1、2、3、4、5、6、7、8、9、1(即 10)，1、2、3、4、5、6、7、8、9、2(即 20)，以此类推，数到 1、2、3、4、5、6、7、8、9、10(即 100)。采用这种记数法记数既简单又快捷，既省力又好记。但记数时要默记，不要念出声，做到脑、眼、手密切配合，既准又快。

(2) 多指多张点钞法。多指多张点钞法是指点钞时用小指、无名指、中指、食指依次捻下一张钞票，一次清点四张钞票的方法，也叫四指四张点钞法。这种点钞法适用于收款、付款和整点工作。这种点钞方法不仅省力、省脑，而且效率高，能够逐张识别假钞票和挑剔残破钞票。其具体操作方法如下。

①持票。用左手持钞，中指在前，食指、无名指、小指在后，将钞票夹紧，四指同时弯曲将钞票轻压成瓦形，拇指在钞票的右上角外面，将钞票推成小扇面，然后手腕向里转，使钞票的右里角抬起，右手五指准备清点。②清点。右手腕抬起，拇指贴在钞票的右里角，其余四指同时弯曲并拢，从小指开始每指捻动一张钞票，依次下滑四个手指，每次下滑动作捻下四张钞票，循环操作，直至点完 100 张。③记数。采用分组记数法。每次点四张为一组，记满 25 组为 100 张。

(3) 扇面式点钞法。把钞票捻成扇面状进行清点的方法叫扇面式点钞法。这种点钞方法速度快，是手工点钞中效率最高的一种。但它只适合清点新票币，不适于清点新、旧、破混合钞票。其具体操作方法如下。

①持钞。钞票竖拿，左手拇指在票前下部中间票面约 1/4 处，食指、中指在票后同拇指一起捏住钞票，无名指和小指蜷向手心。右手拇指在左手拇指的上端，用虎口从右侧卡住钞票成瓦形，食指、中指、无名指、小指均横在钞票背面，作开扇准备。②开扇。开扇是扇面点钞的一个重要环节，扇面要开得均匀，为点数打好基础，做好准备。以左手为轴，右手食指将钞票向胸前左下方压弯，然后再猛向右方闪动，同时右手拇指在票前向左上方推动钞票，食指、中指在票后面用力向右捻动，左手指在钞票原位置向逆时针方向画弧捻动，食指、中指在票后面用力向左上方捻动，右手手指逐步向下移动，至右下角时即可将钞票推成扇面形。如有不均匀的地方，可双手持钞抖动，使其均匀。打扇面时，左右两手一定要配合协调，不要将钞票捏得过紧，如果点钞时采取一按 10 张的方法，扇面要开小些，便于点清。③点数。左手持扇面，右手中指、无名指、小指托住钞票背面，拇指在钞票右上角约 1cm 处，一次按下 5 张或 10 张；按下后用食指压住，拇指继续向前按第二次，以此类推，同时左手应随右手点数速度向内转动扇面，以迎合右手按动，直到点完 100 张为止。④记数。采用分组记数法，一次按 5 张为一组，记满 20 组为 100 张；一次按 10 张为一组，记满 10 组为 100 张。⑤合扇。清点完毕合扇时，将左手向右倒，右手托住钞票右侧向左合拢，左右手指向中间一起用力，使钞票竖立在桌面上，两手松拢轻墩，把钞票墩齐，准备扎把。

4. 钞票的整理和捆扎

点钞完毕后需要对所点钞票进行扎把，通常是 100 张捆扎成一把，分为缠绕式和扭结式两种方法。

(1) 缠绕式。临柜收款采用此种方法，需使用牛皮纸腰条。其具体操作方法如下：①将点过的钞票 100 张墩齐；②左手从长的方向拦腰握着钞票，使之成为瓦状(瓦状的幅度影响扎钞的松紧，在捆扎中幅度不能变)；③右手握着腰条头将其从钞票的长的方向夹入钞票的中间(离一端 1/3～1/4 处)，从凹面开始绕钞票两圈；④在翻到钞票原度转角处将腰条向右折叠 90°，将腰条头绕捆在钞票的腰条上，转两圈打结；⑤整理钞票。

(2) 扭结式。考核、比赛采用此种方法，需使用绵纸腰条。其具体操作方法如下：①将点过的钞票 100 张墩齐；②左手握钞，使之成为瓦状；③右手将腰条从钞票凸面放置，将两腰条头绕到凹面，左手食指、拇指分别按住腰条与钞票厚度交界处；④右手拇指、食指夹住其中一端腰条头，中指、无名指夹住另一端腰条头，并合在一起，右手顺时针转 180°，左手逆时针转 180°，将拇指和食指夹住的那一头从腰条与钞票之间绕过、打结；⑤整理钞票。

(三)验钞

为了避免假币给企事业单位造成经济损失，出纳人员应掌握鉴别人民币的基本方法，增强识别能力，在日常的现金收付工作中提高警惕，保证现金收支的安全性。

要防止出现假币，应先熟悉人民币的特征和防伪标记，才能分清可流通人民币、残缺人民币和伪造、变造人民币的区别。由中国人民银行发行的可流通人民币有如下特征。

1. 纸张

人民币纸张的特点是用料讲究，工艺特殊，预置水印。印刷人民币的印钞专用纸主要成分是短棉绒，这种纸张含95%的优质棉和5%的进口木材，具有纤维长、强度高、耐折、耐磨的特点，手感厚实、挺括。在鉴别真假币时，通过检查纸张的成分，能够做出正确的鉴别。

人民币在造纸时做了技术处理。在造纸时，人民币的纸张不加荧光增白剂，在紫外线光照下观察时，看不到荧光，把真币和假币同时放在紫外灯光下比较，就会发现假币的纸张出现明亮的蓝白光。

水印是制造印钞纸时采用的一种特殊防伪手段，利用纸纤维的不均匀堆积，形成明暗层次不同的图案或图形。人民币的水印，有固定部位水印和满版水印两种，逆光照透时很清楚。

2. 油墨

人民币所用油墨的特点是专用配方、色泽鲜艳、色彩自然。在大面额票面印刷时，还采用了五色荧光油墨、磁性油墨等主动防伪措施。

3. 制版

人民币的制版工艺，既有我国传统的手工雕刻制版，又采用了多色套版印刷钞票图纹的胶印或凹印接线技术，以及正背面图章高精度对印技术。①手工雕刻制版。它具有墨层厚、手感强的特点，由于雕刻技艺精湛，用放大镜仔细观察，就可以看出图章的点线排列、疏密程度、景物的深浅层次等都有显著的特征，不易仿制。②正背面对印技术。把正背面的图案一次印制成型，使特定部位的图案正背面刚好一致。例如，第五套人民币 100 元券正面右下角的古钱币防伪标志，正背面刚好构成一个完整的图案。③凹印接线技术。它的特点在于一条完整的线上，印上几种不同的颜色且不产生重叠、缺口的现象。

4. 印刷及安全线

人民币的印刷采用凹版印刷技术，墨层厚，用手触摸有凹凸感；特殊的金属安全线技术，如 1999 年版 50 元券、100 元券在其正面左侧均采用了安全线工艺。

辨别人民币真伪的方法，可以归纳为"一看，二摸，三听，四测"。"一看"，一是看水印，把人民币迎光照看，十元以上人民币可在水印处看到人头像或花卉。二是看安全线，第五套人民币的安全线上有微缩文字，假币仿造的文字不清晰，线条抽出。三是看钞面图案色彩是否鲜明，线条是否清晰，对接线是否对接完好无留白或空隙。"二摸"，由于 5 元以上面额人民币采取凹版印刷，线条形成凸出纸面的油墨道，特别是在盲文点"中国人民银行"字行、第五套人民币人像部位等，用手指抚摸这些地方，有较明显的凹凸感，较新钞票用手指划过，有明显阻力。"三听"，人民币纸张是特别纸制，较新钞票用手弹动，会发出清脆的声音，假币纸张发软，声音发闷，不耐揉折。"四测"，用简单仪器进行荧光检测。一是检测纸张有无荧光反应，人民币纸张未经荧光漂白，在荧光灯下无荧光反应，纸张发暗；假币纸张多经漂白，在荧光灯下有明显荧光反应，纸张发白发亮。二是人民币有一到两处荧光文字，呈淡黄色，假币的荧光文字色泽不正，呈惨白色。

自从 1948 年第一套人民币发行以来，央行相继在 1955 年、1962 年、1987 年和 1999

年共发行了五套人民币。目前我国流通的是第五套人民币。第五套人民币共 6 种面额：100 元、50 元、20 元、10 元、5 元、1 元，另外，还有 1 元、5 角和 1 角三种硬币。第五套人民币采取"一次公布，分次发行"的方式。1999 年 10 月 1 日，首先发行 100 元纸币；2000 年 10 月 16 日，发行 20 元纸币、1 元和 1 角硬币；2001 年 9 月 1 日，发行 50 元、10 元纸币；2002 年 11 月 18 日，发行 5 元纸币、5 角硬币；2004 年 7 月 30 日，发行 1 元纸币。为提高第五套人民币的印刷工艺和防伪技术水平，经国务院批准，中国人民银行于 2005 年 8 月 31 日发行了第五套人民币 2005 年版 100 元、50 元、20 元、10 元、5 元纸币和不锈钢材质 1 角硬币。2015 年 11 月，央行发行 2015 年版 100 元纸币。在规格、主图案等保持不变的前提下，对票面图案、防伪特征及布局进行了调整，提高机读性能，采用了先进的公众防伪技术，使公众更易于识别真伪。

(四)验钞举例

下面以 2005 年版 100 元、50 元及 2015 年版 100 元为例，介绍人民币主要的防伪技术。

1. 2005 年版 100 元防伪特征

2005 年版 100 元防伪特征如图 1-1 所示。

图 1-1　2005 年版 100 元防伪特征

（1）固定人像水印。位于票面正面左侧空白处，迎光透视，可见与主景相同、立体感很强的毛泽东头像水印。如图 1-2 所示。

（2）白水印。位于正面双色异形横号码下方，迎光透视，可以看到透光性很强的水印"100"字样。如图 1-3 所示。

图 1-2　固定人像水印

图 1-3　白水印

（3）磁性缩微文字安全线。钞票纸中的安全线，迎光观察，可见"¥100"微小文字，仪器检测有磁性。如图 1-4 所示。

（4）手工雕刻头像。票面正面主景毛泽东头像，采用手工雕刻凹版印刷工艺，形象逼真、传神，凹凸感强，易于识别。如图 1-5 所示。

图 1-4　磁性缩微文字安全线

图 1-5　手工雕刻头像

（5）隐形面额数字。票面正面右上方有一椭圆形图案，将钞票置于与眼睛接近平行的位置，面对光源作平面旋转 45°或 90°，即可看到面额"100"字样。如图 1-6 所示。

图 1-6　隐形面额数字

(6) 胶印缩微文字。票面正面上方椭圆形图案中，多处印有胶印缩微文字，在放大镜下可看到"RMB"和"RMB100"字样。如图1-7所示。

图1-7　胶印缩微文字

(7) 光变油墨面额数字。票面正面左下方"100"字样，与票面垂直角度观察为绿色，倾斜一定角度则变为蓝色。如图1-8所示。

图1-8　光变油墨面额数字

(8) 阴阳互补对印图案。票面正面左下方和背面右下方均有一圆形局部图案，迎光观察，正背图案重合并组合成一个完整的古钱币图案。如图1-9所示。

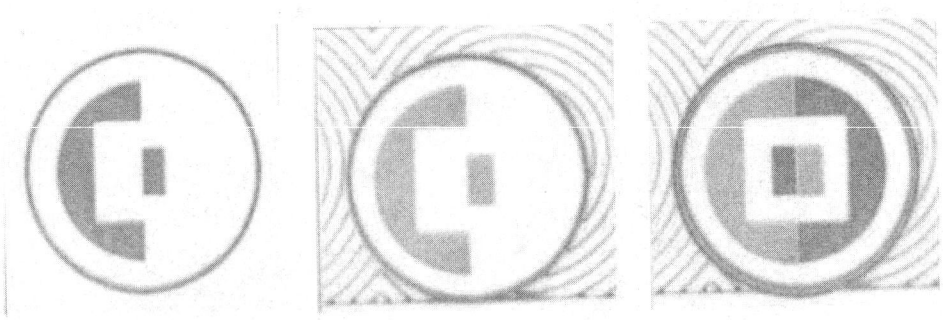

图1-9　阴阳互补对印图案

(9) 雕刻凹版印刷。票面正面主景毛泽东头像、中国人民银行行名、盲文及背面主景人民大会堂等均采用雕刻凹版印刷，用手指触摸有明显凹凸感。如图1-10所示。

(10) 双色异形横号码。正面左下角印有双色异形横号码，左侧部分为暗红色，右侧部分为黑色。字符由中间向左右两边逐渐变小。如图 1-11 所示。

(11) 凹印手感线。正面主景图案右侧，有一组自上而下规则排列的线纹，采用雕刻凹版印刷工艺印制，用手指触摸，有极强的凹凸感。如图 1-12 所示。

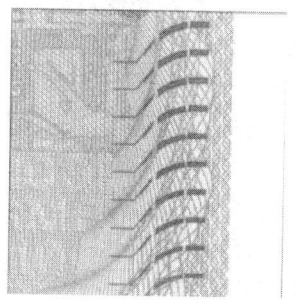

图 1-10　雕刻凹版印刷　　　图 1-11　双色异形横号码　　　图 1-12　凹印手感线

2. 2015 年版 100 元防伪特征

2015 年版 100 元防伪特征如图 1-13 所示。

图 1-13　2015 年版 100 元防伪特征

2015年版100元防伪特征的对应解释如下。

(1) 光变镂空开窗安全线。票面右侧有光变镂空开窗安全线,当垂直观察票面时,这条安全线呈现品红色;而与票面成一定角度观察时,安全线又会呈现绿色。透光观察,还可以看到安全线中正反交替排列着镂空文字"¥100"字样。

(2) 光彩光变数字。中部数字"100"增加了光彩光变效果,垂直观察数字是金色,平视观察则变为绿色。随着观察角度的改变,数字颜色在金色和绿色之间交替变化,还可以看到一条亮光带上下滚动。

(3) 人像水印。在票面左侧空白处,透光观察时就可看到毛泽东头像。

(4) 胶印对印图案。在正面左下方和背面右下方,两面都有数字"100"的局部图案。在透光观察的情况下,正背面图案就可以组成一个完整的"100"。

(5) 横竖双号码。票面正面左下方采用横号码,其冠字和前两位数字为暗红色,后六位数字为黑色;右侧竖号为蓝色。

(6) 白水印。位于票面正面横号码下方。透光观察时,可以看到透光性很强的水印数字"100"。

(7) 凹凸雕刻。正面毛泽东头像、国徽、中国人民银行行名、右上角面额数字、盲文及背面人民大会堂全部采用雕刻凹版印刷,当用手指触摸时会有明显的凹凸感。

3. 第五套人民币50元防伪特征

第五套人民币50元防伪特征如图1-14所示。

图1-14 第五套人民币50元防伪特征

(1) 固定人像水印。位于正面左侧空白处，迎光透视，可以看到与主景人像相同、立体感很强的毛泽东头像水印。

(2) 白水印。位于正面双色异形横号码下方，迎光透视，可以看到透光性很强的水印"50"字样。

(3) 磁性缩微文字安全线。钞票纸中的安全线，迎光透视，可以看到缩微文字"¥50"字样，仪器检测有磁性。

(4) 手工雕刻头像。正面主景毛泽东头像，采用手工雕刻凹版印刷工艺，凹凸感强，易于识别。

(5) 隐形面额数字。正面右上方有一装饰图案，将钞票置于与眼睛接近平行的位置，面对光源作平面旋转45°或90°，即可以看到面额数字"50"字样。

(6) 胶印缩微文字。正面上方图案中，多处印有胶印缩微文字"50""RMB50"字样。

(7) 光变油墨面额数字。正面左下方面额数字"50"字样，与票面垂直角度观察为金色，倾斜一定角度观察时则变为绿色。

(8) 阴阳互补对印图案。正面左下角和背面右下角均有一圆形局部图案，迎光透视，可以看到正背面图案合并组成一个完整的古钱币图案。

(9) 雕刻凹版印刷。正面主景毛泽东头像、中国人民银行行名、面额数字、盲文面额标记及背面主景布达拉宫图案等均采用雕刻凹版印刷，用手指触摸有明显的凹凸感。

(10) 双色异形横号码。正面左下角印有双色异形横号码，左侧部分为暗红色，右侧部分为黑色。字符由中间向左右两边逐渐变小。

(11) 凹印手感线。正面主景图案右侧，有一组自上而下规则排列的线纹，采用雕刻凹版印刷工艺印制，用手指触摸，有极强的凹凸感。

(五)点钞机

由于现金流通规模庞大，银行出纳柜台现金处理工作繁重，点钞机已成为不可缺少的设备。点钞机集计数和辨伪于一身，随着印刷技术、复印技术和电子扫描技术的发展，伪钞制造水平越来越高，点钞机的辨伪性能也在不断提升。按照钞票运动轨迹的不同，点钞机分为卧式和立式两种。辨伪手段通常有荧光识别、磁性分析、红外穿透三种方式。

(六)小键盘输入

随着电算化的普及，对键盘输入的要求越来越高。小键盘输入主要是指台式计算机键盘副键盘输入，主要是数字的输入。

小键盘输入时首先保证数字锁定键指示灯亮，如果没有亮，需要按一次 Num Lock 键，使小键盘区为数字输入状态。大拇指负责 0 键，食指负责 1、4、7 键，中指负责 2、5、8 键，无名指负责 3、6、9 键。小键盘指法如图 1-15 所示。

图 1-15 小键盘指法

小键盘输入技术要领如下。

(1) 上身挺直,肩膀放平,肌肉放松,两脚平放地上,切勿交叉单脚立地。

(2) 手腕及肘部呈一条直线,手指弯曲自然适度,轻放于基本键上,手臂不要张开。

(3) 将屏幕调整到适当的位置,视线集中在屏幕上,尽量不要查看键盘,以免视线的一往一返,增加眼睛的疲劳。

(4) 将两手放在基本键 0、1、2、3 和 Enter 键上。指法为:拇指负责 0 键;食指负责 1、4、7 键;中指负责 2、5、8 键;无名指负责 3、6、9、小数点键;小指负责 Enter 键。

(5) 手指弯曲要自然,手臂不可张开太大。

(6) 手指击打字键要正确,击键要轻,放松要快,击键之后手指要立刻回到基本键上。

(7) 速度要均匀。

第二部分　出纳实务操作

情境引导

北京佳康宝健身器材有限公司(以下简称佳康宝公司)是专业生产健身器材的制造型企业。公司有员工 100 多名，集研发、生产、销售和售后服务为一体，目前主要生产两个品种的按摩垫：JKB101 型按摩垫和 JKB102 型按摩垫。半成品 JKB101 型整机芯和 JKB102 型整机芯也有部分对外销售。

名称：北京佳康宝健身器材有限公司
住所：北京市东城区朝阳门北大街 9 号
法定代表人：王天一
注册号：11010105010159172
成立日期：2016 年 1 月 1 日
注册资本：柒佰万元人民币
税务登记证：京税征字 110101102791985 号
银行开户许可证：J1000054115101
开户银行：交通银行北京东城区支行
账号：110007611018000642118
编号：1000-00804618
行号：30100100
支付密码：2870615951137688

财务部包括财务经理在内共 4 个岗位，分别是：财务经理钱光照，全面负责本公司会计核算工作，具体包括对各种原始凭证及记账凭证的审核、登记总分类账、组织编制财务报表、保管财务专用章等工作；制单会计米乐，主要负责编制各类记账凭证等工作；记账会计郑敏，主要负责登记各类明细账等工作；出纳人员范青青，主要负责保管库存现金、保管各类空白票据、登记现金和银行存款日记账等工作。

佳康宝公司内部控制中对出纳岗位的岗位职责规定如下。

(1) 在财务经理的领导下，按照国家财务法规认真办理提取和保管现金，完成收付手续和银行结算业务。

(2) 登记现金和银行存款日记账，做到日清月结，保证账证相符、账款相符、账账相符，发现差错及时查清更正。

(3) 严格审核报销单据、发票等原始凭证，按照费用报销的有关规定，办理现金收支业务，做到合法准确、手续完备、单证齐全。

(4) 负责掌管公司财务保险柜。

(5) 完成财务经理临时交办的其他工作。

项目一 库存现金业务

【技能目标】

- 会签发现金支票。
- 会填写现金收据。
- 会办理现金的存入及提取。
- 能处理现金日常收付业务。
- 能按规定保管库存现金。
- 能正确登记库存现金日记账。

【知识目标】

- 掌握现金日常管理的规定。
- 掌握现金开支的范围。
- 掌握现金结算原始凭证的填制方法。
- 掌握现金存入及提取的业务流程。
- 掌握现金日常收付业务的处理流程。

任务导入

2019 年 12 月，佳康宝公司发生的部分现金业务如下。

(1) 2019 年 12 月 1 日，佳康宝公司因零星支付需要，由出纳人员范青青从开户银行提取现金 50 000 元。

(2) 2019 年 12 月 1 日，佳康宝公司采购员成吉巍因出差需预借现金 10 000 元。

(3) 2019 年 12 月 1 日，行政部人员柳菲菲采购办公用品 500 元，到财务报销现金。

(4) 2019 年 12 月 11 日，采购员成吉巍出差返回，出差期间共花费 9 910 元，凭有关单据进行报销，剩余现金 90 元交回财务部门。

(5) 2019 年 12 月 17 日，佳康宝公司将生产过程中剩余的边角废料销售给北京顺正废品处理厂，取得现金收入 5 500 元。

(6) 2019 年 12 月 23 日，佳康宝公司将收取的现金收入 3 450 元存入银行。

作为该公司的出纳，应如何处理这些业务呢？

任务 1.1　现金存取业务

知识链接

现金通常是指存放于企业财务部门由出纳人员经管的货币资金。现金是企业流动性最强的资产，有关的管理制度对现金的使用有着较为严格的限制，企业应当严格遵守国家有关现金的管理制度，正确进行现金的收支核算，保证现金使用的安全性和合理性。

中国人民银行总行是现金管理的主管部门。各级人民银行要严格履行金融主管机关的职责，负责对开户银行的现金管理进行监督和稽核。开户银行负责现金管理的具体执行，对开户单位的现金收支、使用进行监督管理。

一个单位在几家银行开户的，只能在一家银行开设现金结算账户，支取现金，并由该家银行负责核定现金库存限额和进行现金管理检查。当地人民银行要协同各开户银行，认真清理现金结算账户，负责将开户单位的现金结算账户落实到一家开户银行。

各开户单位的库存现金都要核定限额。库存现金限额应由开户单位提出计划，报开户银行审批。开户银行根据实际需要，原则上以开户单位 3 天至 5 天的日常零星开支所需核定库存现金限额。边远地区和交通不发达地区的开户单位的库存现金限额可以适当放宽，但最多不得超过 15 天的日常零星开支。经核定的库存现金限额，开户单位必须严格遵守。各开户单位的库存现金限额，由于生产或业务变化，需要增加或减少时，应向开户银行提出申请，经批准后再行调整。

对没有在银行单独开立账户的附属单位也要实行现金管理，必须保留的现金，也要核定限额，其限额包括在开户单位的库存限额之内。商业和服务行业的找零备用现金也要根据营业额核定定额，但不包括在开户单位的库存现金限额之内。

开户单位现金收支应当依照下列规定办理。

(1) 开户单位现金收入应当于当日送存开户银行。当日送存确有困难的，由开户银行确定送存时间。

(2) 开户单位支付现金，可以从本单位库存现金限额中支付或者从开户银行提取，不得从本单位的现金收入中直接支付(即坐支)。因特殊情况需要坐支现金的，应当事先报经开户银行审查批准，由开户银行核定坐支范围和限额。坐支单位应当定期向开户银行报送坐支金额和使用情况。

(3) 开户单位从开户银行提取现金，应当写明用途，由本单位财会部门负责人签字盖章，经开户银行审核后，予以支付现金。

(4) 因采购地点不固定、交通不便、生产或者市场急需、抢险救灾以及其他特殊情况必须使用现金的，开户单位应当向开户银行提出申请，由本单位财会部门负责人签字盖章，经开户银行审核后，予以支付现金。

(5) 开户单位支付现金，需要从开户银行提取时，要填制现金支票。支票是出票人签发的，委托办理支票存款业务的银行在见票时无条件支付确定的金额给收款人或者持票人的票据。支票上印有"现金"字样的为现金支票，现金支票只能用于支取现金。签发现金支票必须符合国家现金管理的规定。支票的提示付款期限自出票日起10日内。

现金支票的填写规范如下。

1. 正面

现金支票的正面如图 2-1 所示。

图 2-1 现金支票的正面

① 填写出票日期。出票日期必须使用中文大写，不得更改。月为壹、贰和壹拾的，应在其前加"零"。日为壹至玖和壹拾、贰拾、叁拾的，应在其前加"零"；日为拾壹至拾玖的，应在其前加"壹"。

② 填写付款行名称和出票人账号，即出票人的开户银行名称及存款账户的账号。

③ 填写收款人全称，不得更改。

④ 填写人民币大写金额，不得更改。大写金额数字应紧接"人民币"字样填写，不得留有空白。

⑤ 填写小写金额，不得更改。大小写金额必须一致，小写金额前面加人民币符号"¥"。

⑥ 填写款项的用途，必须符合国家现金管理的规定。

⑦ 出票人签章，即出票人预留银行的签章。

⑧ 需要使用支付密码时，填写支付密码。

⑨ 存根联的出票日期,与正联一致,用小写。
⑩ 存根联的收款人,与正联一致,可简写。
⑪ 存根联的金额,与正联一致,用小写。
⑫ 存根联的用途,与正联一致。
⑬ 需要时填写附加信息,如预算单位办理支付结算业务,填写附加信息代码,与背面一致。
⑭ 会计人员签章。
⑮ 单位主管审批签章。

2. 背面

现金支票的背面如图 2-2 所示。

图 2-2　现金支票的背面

① 收款人签章。若收款人为本公司则加盖预留银行的签章,收款人为个人则为个人的签名或盖章。
② 填写提示付款日期。
③ 若收款人为个人,需填写提交的身份证件名称。
④ 若收款人为个人,需填写提交的身份证件的发证机关。
⑤ 若收款人为个人,需填写身份证件号码。
⑥ 附加信息,如预算单位办理支付结算业务,填写附加信息代码。此栏为非必要记载事项。
⑦ 票据凭证转让不能满足背书人记载事项的需要时,可以加附粘单,黏附于票据凭证上。注意,用于支取现金的支票不得背书转让。

> 典型业务操作

典型工作任务 1.1.1　提取备用金

【任务描述】2019 年 12 月 1 日,佳康宝公司因零星支付需要,由出纳人员范青青从开户银行提取现金 50 000 元。

【业务处理流程】

提取现金业务处理流程如图2-3所示。

岗位	出纳	会计主管	总经理	银行柜员	制单会计	会计主管	出纳
工作任务	填制单证	审核签章	审核签章	银行办理	填制凭证	审核凭证	登记账簿
典型凭证记录	现金支票 支票领用登记簿	现金支票	现金支票	现金支票正联	现金支票存根联 记账凭证	记账凭证	库存现金日记账 银行存款日记账

图2-3 提取现金业务处理流程

【业务指导】

(1) 出纳人员填写现金支票(见图2-4),并登记支票领、用、存登记簿(见表2-1)。

图2-4 现金支票

表2-1 支票领、用、存登记簿

日期			摘要	支票种类	购入		使用				结存数量	使用部门	领用人签字
年	月	日			数量	支票起止号码	数量	支票号码	用途	收款人	金额			
2019	12	01		现金支票			1	67930022	备用金	北京佳康宝健身器材有限公司	50000.00			

操作提示：

根据企业内部管理的需要，对某些在日记账和分类账中不能登记或登记不全的会计事项要设置备查簿进行补充登记。

为了加强对空白支票的管理，明确经济责任，防止意外，单位一般要设置支票领、用、存登记簿，用以记录和反映空白支票的购入、使用及结存的情况。

备查簿没有固定的格式，与其他账簿之间也不存在严密的钩稽关系，其格式可由企业根据内部管理的需要自行确定。企业签发支票时，出纳人员应在支票领、用、存登记簿上填写签发日期、支票号码、收款单位、用途和金额等，并由领用人签名或盖章，以便于查阅支票的使用情况。

(2) 填好的现金支票(见图2-5、图2-6)交会计主管、总经理审核，确认无误后在支票正面和背面分别加盖财务专用章及法人代表名章。

图2-5　现金支票正面

图2-6　现金支票背面

(3) 出纳人员持现金支票正联(见图2-7)到银行办理现金提款业务，银行给付现金，并在现金支票上盖付讫章。

图 2-7　现金支票正联

(4) 出纳人员将现金支票存根联(见图 2-8)交制单会计制作记账凭证(见图 2-9)。

图 2-8　现金支票存根联

图 2-9　付款凭证

操作提示：

记账凭证是会计人员根据审核无误的原始凭证按照经济业务事项的内容加以分类，并据以确定会计分录后所填制的会计凭证，是登记账簿的直接依据。记账凭证按其反映经济业务的内容不同，可以分为收款凭证、付款凭证和转账凭证。收款凭证用于记录现金和银行存款收款的业务，可以进一步分为现金收款凭证和银行存款收款凭证；付款凭证用于记录现金和银行存款的付款业务，可以进一步分为现金付款凭证和银行存款付款凭证。从银行提现的业务，既可以编制现金的收款凭证，也可以编制银行存款的付款凭证，但为避免重复登记，一般只编制付款凭证。

(5) 会计主管审核记账凭证(见图 2-10)，审核完毕后的记账凭证交出纳人员登记银行存款日记账(见图 2-11)和库存现金日记账(见图 2-12)。会计主管、出纳分别在记账凭证上签字。

图 2-10 付款凭证

银行存款日记账

2019年		凭证		对方科目	摘要	借方	贷方	借或贷	余额	√
月	日	种类	号数			亿千百十万千百十元角分	亿千百十万千百十元角分		亿千百十万千百十元角分	
12	1				期初余额			借	7 8 8 0 0 0 0 0	
12	1	银付	1	库存现金	提取备用金		5 0 0 0 0 0 0	借	7 3 8 0 0 0 0 0	

图 2-11 银行存款日记账

库存现金日记账

2019年		凭证		对方科目	摘要	借方	贷方	借或贷	余额	√
月	日	种类	号数			亿千百十万千百十元角分	亿千百十万千百十元角分		亿千百十万千百十元角分	
12	1				期初余额			借	2 3 5 6 8 0 0	
12	1	银付	1	银行存款	提取备用金	5 0 0 0 0 0 0		借	7 3 5 6 8 0 0	

图 2-12 库存现金日记账

典型工作任务 1.1.2　现金存入银行

【任务描述】 2019 年 12 月 23 日，佳康宝公司将收取的现金收入 3 450 元存入银行。

【业务处理流程】

现金存入银行业务处理流程如图 2-13 所示。

岗位	出纳	银行柜员	制单会计	会计主管	出纳
工作任务	填制单证	银行办理	填制凭证	审核凭证	登记账簿
典型凭证记录	现金解款单	现金解款单	现金解款单回单 / 记账凭证	记账凭证	库存现金日记账 / 银行存款日记账

图 2-13　现金存入银行业务处理流程

【业务指导】

(1) 出纳人员将收到的现金送存银行，同时填写现金解款单(见图 2-14、图 2-15)。

图 2-14　现金解款单回单联

图 2-15　现金解款单收入凭证联

操作提示：

现金解款单是指客户到银行办理现金缴存业务的专用凭证，也是银行和客户凭以记账的依据。现金解款单一般一式二联，第一联为回单，此联由银行盖章后退回存款单位，第二联为收入凭证，此联由收款人开户银行留作凭证。

(2) 银行工作人员核对实际收到现金和现金解款单，无误后，在现金解款单回单联(见图 2-16)盖章并退回存款企业。

图 2-16　银行返还现金解款单回单联

(3) 出纳将取回的现金解款单回单联交制单会计，制单会计凭其编制记账凭证(见图 2-17)。

图 2-17 付款凭证

(4) 会计主管审核记账凭证，审核完毕后的记账凭证(见图 2-18)交出纳人员登记银行存款日记账(见图 2-19)和库存现金日记账(见图 2-20)。会计主管、出纳分别在记账凭证上签字。

图 2-18 付款凭证(已审核)

银行存款日记账

2019年		凭证		对方科目	摘要	借方	贷方	借或贷	余额	✓
月	日	种类	号数			亿千百十万千百十元角分	亿千百十万千百十元角分		亿千百十万千百十元角分	
12	1				期初余额			借	7 8 8 0 0 0 0 0	
12	1	银付	1	库存现金	提取备用金		5 0 0 0 0 0 0	借	7 3 8 0 0 0 0 0	
					略					
					……					
12	23	现付1	略	库存现金	现金存入银行	3 4 5 0 0 0		借	略	

图 2-19　银行存款日记账

库存现金日记账

2019年		凭证		对方科目	摘要	借方	贷方	借或贷	余额	✓
月	日	种类	号数			亿千百十万千百十元角分	亿千百十万千百十元角分		亿千百十万千百十元角分	
12	1				期初余额			借	2 3 5 6 8 0 0	
12	1	银付	1	银行存款	提取备用金	5 0 0 0 0 0 0		借	7 3 5 6 8 0 0	
					略					
					……					
12	23	现付1	略	银行存款	现金存入银行		3 4 5 0 0 0	借	略	

图 2-20　库存现金日记账

任务 1.2　现金日常收付业务

知识链接

国家鼓励开户单位和个人在经济活动中，采取转账方式进行结算，以减少使用现金。开户单位之间的经济往来，除按以下范围可以使用现金外，应当通过开户银行进行转账结算。

(1) 职工工资、各种工资性津贴。

(2) 个人劳务报酬，包括稿费和讲课费及其他专门工作报酬。

(3) 支付给个人的各种奖金，包括根据国家规定颁发给个人的科学技术、文化艺术、体育等各种奖金。

(4) 各种劳保、福利费用以及国家规定的对个人的其他现金支出。

(5) 收购单位向个人收购农副产品和其他物资支付的价款。

(6) 出差人员必须随身携带的差旅费。

(7) 结算起点(1 000 元)以下的零星支出。

(8) 确实需要现金支付的其他支出。

除第(5)、(6)项外，开户单位支付给个人的款项中，支付现金每人一次不得超过 1 000 元，超过限额部分，根据提款人的要求在指定的银行转为储蓄存款或以支票、银行本票支付。确需全额支付现金的，应经开户银行审查后予以支付。

转账结算凭证在经济往来中，具有同现金相同的支付能力。开户单位在销售活动中，不得对现金结算给予比转账结算更优惠的待遇；不得只收现金拒收支票、银行汇票、银行本票和其他转账结算凭证。

开户单位应当建立健全现金账目，逐笔记载现金支付；账目应当日清月结，账款相符。单位应当定期和不定期地进行现金盘点，确保现金账面余额与实际库存相符。发现不符，及时查明原因，作出处理。

不准用不符合财务制度的凭证顶替库存现金；不准单位之间相互借用现金；不准谎报用途套取现金；不准利用银行账户代其他单位和个人存入或支取现金；不准将单位收入的现金以个人名义存入储蓄；不准保留账外公款(即小金库)；禁止发行变相货币，不准以任何票券代替人民币在市场上流通。

◉ 典型业务操作

典型工作任务 1.2.1　职工预借差旅费

【任务描述】2019 年 12 月 1 日，佳康宝公司采购员成吉巍因出差需预借现金 10 000 元。

【业务处理流程】

预借差旅费业务处理流程如图 2-21 所示。

图 2-21　预借差旅费业务处理流程

【业务指导】

(1) 业务员填写借款单，经部门领导、总经理批准，财务经理审核后，持借款单(见图 2-22、图 2-23、图 2-24)到出纳处办理现金预借。出纳审核借款单无误后，支出现金，并在借款单上加盖"现金付讫"章。

图 2-22　借款单第一联

图 2-23　借款单第二联

图 2-24　借款单第三联

操作提示：

借款单属于单位内部自制原始凭证，是借款人借款的凭证。借用公款时，由借款人填写借款单(注明借款金额、日期、用途等)，由经办部门负责人、法人签字批准，方可办理借款手续，领取现金。如借款金额较大时，应附相关的明细支出项目及金额的预算申请书。

借款单一式三联，第一联是出纳人员付款的依据，第二联由借款人留存，第三联交会计作为记账依据。

(2) 出纳人员将借款单第三联记账凭证联交制单会计填制记账凭证(见图2-25)。

图2-25 付款凭证

(3) 会计主管审核记账凭证，审核完毕后的记账凭证(见图2-26)交出纳人员登记库存现金日记账(见图2-27)，记账会计登记其他应收款明细账。会计主管、出纳、记账会计分别在记账凭证上签字。

图2-26 付款凭证(已审核)

库存现金日记账

2019年		凭证		对方科目	摘要	借方 亿千百十万千百十元角分	贷方 亿千百十万千百十元角分	借或贷	余额 亿千百十万千百十元角分	√
月	日	种类	号数							
12	1				期初余额			借	2356800	
12	1	银付	1	银行存款	提取备用金	5000000		借	7356800	
12	1	现付	1	其他应收款	成吉巍出差借款		1000000	借	6356800	

图 2-27 库存现金日记账

(注:本书主要介绍出纳相关岗位工作,记账会计登记其他应收款明细账内容在此省略,以后相关处理相同,不再赘述。)

典型工作任务 1.2.2 收回职工预借款

【任务描述】 2019 年 12 月 11 日,采购员成吉巍出差返回,出差期间共花费 9 910 元,凭有关单据进行报销,剩余现金 90 元交回财务部门。

【业务处理流程】

收回职工预借款业务处理流程如图 2-28 所示。

岗位	出纳	会计主管	制单会计	会计主管	记账会计	出纳
工作任务	填制单证	审核签章	填制凭证	审核凭证	登记账簿	登记账簿
典型凭证记录	收款收据	收款收据	收款收据交财务联 / 记账凭证	记账凭证	明细账	库存现金日记账

图 2-28 收回职工预借款业务处理流程

【业务指导】

(1) 出纳人员收到成吉巍返还的现金 90 元,填制收款收据(见图 2-29)。

图 2-29 收款收据第一联

操作提示：

收取现金应填写收款收据。收款收据由收款单位出纳人员在收款后填写，按编号顺序使用，全部联次一次套写完成。基本联次一般为一式三联，第一联为存根联，第二联交付款人作为付款的凭证，第三联交财务部门据以记账。

(2) 出纳人员将收款收据交会计主管审核，确认无误，在收款收据交对方联(见图 2-30)及交财务联(见图 2-31)加盖财务专用章。

图 2-30 收款收据第二联

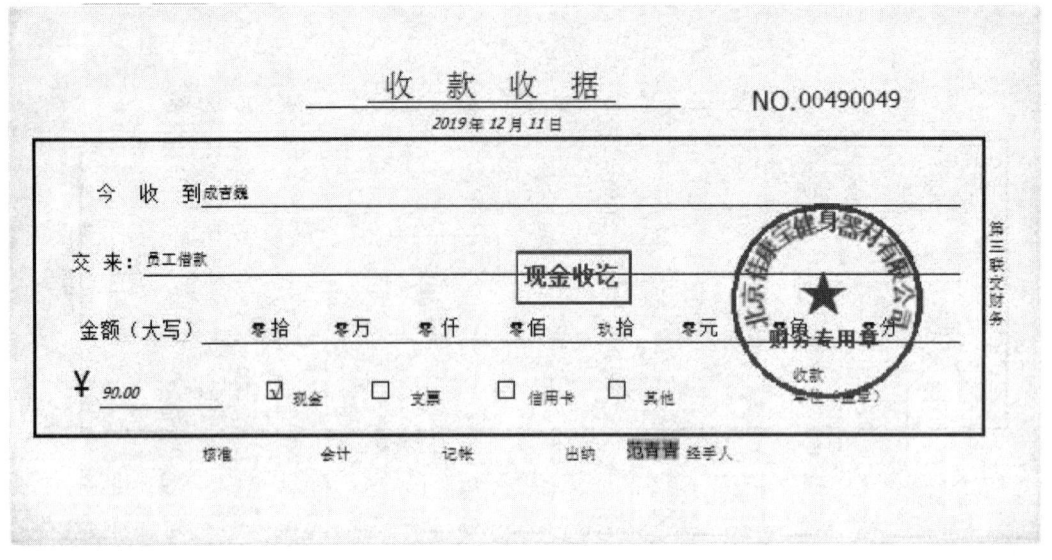

图 2-31 收款收据第三联

(3) 经审核的收款收据第三联交制单会计编制记账凭证(见图 2-32)。

图 2-32 收款凭证

(4) 会计主管审核记账凭证，审核完毕后的记账凭证(见图 2-33)交出纳人员登记库存现金日记账(见图 2-34)，记账会计登记其他应收款明细账。会计主管、出纳、记账会计分别在记账凭证上签字。

收 款 凭 证

出纳编号：_____

借方科目：**库存现金**　　2019年 12月 11日　　制单编号 **现收1**

对方单位	摘要	贷方科目 总账科目	贷方科目 明细科目	金额 千百十万千百十元角分	记账符号	附凭证
	收回成吉巍预借款余款	其他应收款	成吉巍	￥9 0 0 0		1张
		合　　计		￥9 0 0 0		

会计主管 **钱光照**　　记账 **郑敏**　　稽核 **钱光照**　　出纳 **范青青**　　制单 **米乐**

图 2-33　收款凭证(已审核)

库存现金日记账

2019年 月 日	凭证 种类 号数	对方科目	摘要	借方 亿千百十万千百十元角分	贷方 亿千百十万千百十元角分	借或贷	余额 亿千百十万千百十元角分	✓
12 1			期初余额			借	2 3 5 6 8 0 0	
12 1	银付 1	银行存款	提取备用金	5 0 0 0 0 0		借	7 3 5 6 8 0 0	
12 1	现付 1	其他应收款	成吉巍出差借款		1 0 0 0 0 0 0	借	6 3 5 6 8 0 0	
……								
12 11	现收 略	其他应收款	收回成吉巍预借款余款	9 0 0 0		借	略	

图 2-34　库存现金日记账

典型工作任务 1.2.3　现金采购

【任务描述】2019 年 12 月 01 日，行政部人员柳菲菲采购办公用品 500 元，到财务报销现金。

【业务处理流程】

现金采购业务处理流程如图 2-35 所示。

图 2-35 现金采购业务处理流程

【业务指导】

(1) 出纳人员审核采购办公用品的发票(见图 2-36)及报销单(见图 2-37),无误后,给付现金,在报销单上加盖"现金付讫"章。

图 2-36 采购发票

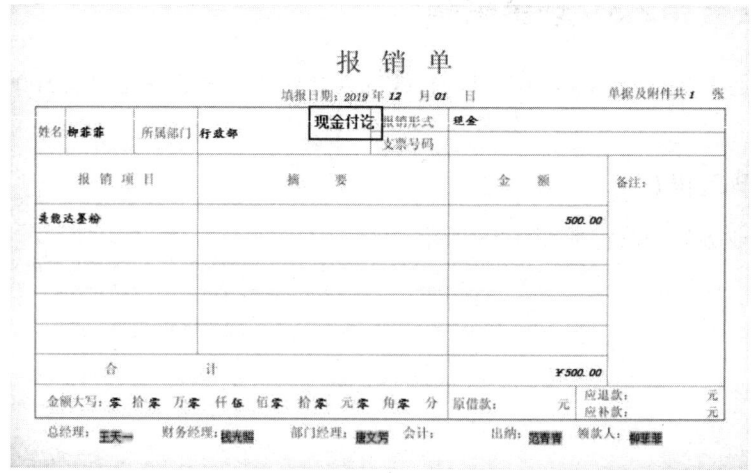

图 2-37 报销单

(2) 出纳人员将采购办公用品的原始凭证传递给制单会计，制单会计依据原始凭证编制记账凭证(见图 2-38)。

图 2-38　付款凭证

(3) 会计主管审核记账凭证，审核完毕后的记账凭证(见图 2-39)交出纳人员登记库存现金日记账(见图 2-40)，记账会计登记管理费用明细账。会计主管、出纳、记账会计分别在记账凭证上签字。

图 2-39　付款凭证(已审核)

库存现金日记账

2019年		凭证		对方科目	摘要	借方										贷方										借或贷	余额										√
月	日	种类	号数			亿	千	百	十	万	千	百	十	元	角	分	亿	千	百	十	万	千	百	十	元	角	分		亿	千	百	十	万	千	百	十	元	角	分	
12	1				期初余额																							借				2	3	5	6	8	0	0	
12	1	银付	1	银行存款	提取备用金					5	0	0	0	0	0	0												借				7	3	5	6	8	0	0	
12	1	现付	1	其他应收款	成吉巍出差借款																1	0	0	0	0	0	0	借				6	3	5	6	8	0	0	
12	1	现付	2	管理费用	采购办公用品																		5	0	0	0	0	借				6	3	0	6	8	0	0	

图 2-40 库存现金日记账

典型工作任务 1.2.4 取得现金收入

【任务描述】2019 年 12 月 17 日，佳康宝公司将生产过程中剩余的边角废料销售给北京顺正废品处理厂，取得现金收入 5 500 元。

【业务处理流程】

取得现金收入业务处理流程如图 2-41 所示。

岗位	出纳	会计主管	制单会计	会计主管	记账会计	出纳
工作任务	填制单证	审核签章	填制凭证	审核凭证	登记账簿	登记账簿
典型凭证记录	收款收据	收款收据	收款收据交财务联 记账凭证	记账凭证	明细账	库存现金日记账

图 2-41 取得现金收入业务处理流程

【业务指导】

(1) 出纳人员收到北京顺正废品处理厂给付的现金，开具收据(见图 2-42)。

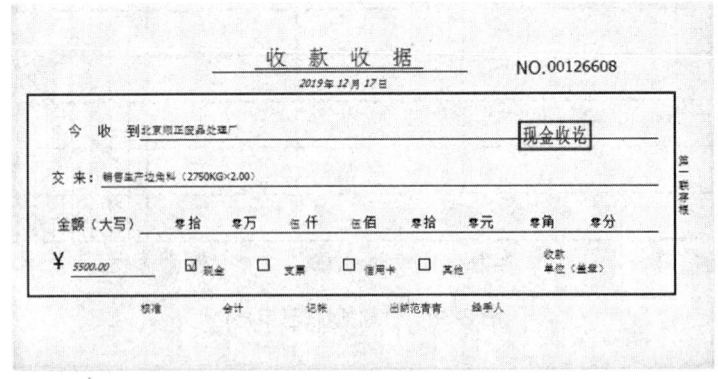

图 2-42 收款收据第一联

(2) 出纳人员将收款收据交会计主管审核,确认无误,在收款收据的交对方联(见图2-43)及交财务联(见图2-44)加盖财务专用章。

图 2-43 收款收据第二联

图 2-44 收款收据第三联

(3) 经审核的收款收据第三联交制单会计编制记账凭证(见图2-45)。

收款凭证

借方科目：**库存现金**　　2019年 12月 17 日　　出纳编号
　　　　　　　　　　　　　　　　　　　　　　　　制单编号 **略**

对方单位	摘要	贷方科目		金额	记账符号
		总账科目	明细科目	千百十万千百十元角分	
	销售边角废料	其他业务收入	销售材料	4 8 6 7 2 6	
		应交税费	应交增值税(销项税额)	6 3 2 7 4	
		合　计		¥ 5 5 0 0 0 0	

附凭证 1 张

会计主管　　　　记账　　　稽核　　　　出纳　　　制单 **米乐**

图 2-45　收款凭证

(4) 会计主管审核记账凭证，审核完毕后的记账凭证(见图 2-46)交出纳登记库存现金日记账(见图 2-47)，记账会计登记其他业务收入和应交税费明细账。会计主管、出纳、记账会计分别在记账凭证上签字。

收款凭证

借方科目：**库存现金**　　2019年 12月 17 日　　出纳编号
　　　　　　　　　　　　　　　　　　　　　　　　制单编号 **略**

对方单位	摘要	贷方科目		金额	记账符号
		总账科目	明细科目	千百十万千百十元角分	
	销售边角废料	其他业务收入	销售材料	4 8 6 7 2 6	
		应交税费	应交增值税(销项税额)	6 3 2 7 4	
		合　计		¥ 5 5 0 0 0 0	

附凭证 1 张

会计主管 **钱光照**　记账 **郑敏**　稽核 **钱光照**　出纳 **范青青**　制单 **米乐**

图 2-46　收款凭证(已审核)

库存现金日记账

2019年		凭证		对方科目	摘要	借方										贷方										借或贷	余额										√
月	日	种类	号数			亿	千	百	十	万	千	百	十	元	角	分	亿	千	百	十	万	千	百	十	元	角	分		亿	千	百	十	万	千	百	十	元	角	分	
12	1				期初余额																							借				2	3	5	6	8	0	0	
12	1	银付	1	银行存款	提取备用金					5	0	0	0	0	0	0												借				7	3	5	6	8	0	0	
12	1	现付	1	其他应收款	成吉巍出差借款																1	0	0	0	0	0	0	借				6	3	5	6	8	0	0	
12	1	现付	2	管理费用	采购办公用品																		5	0	0	0	0	借				6	3	0	6	8	0	0	
					......																																		
12	11	现收	1	其他应收款	收回成吉巍出差借款余款								9	0	0	0												借						略					
					......																																		
12	17	现收	略	其他业务收入等	销售边角废料						5	5	0	0	0	0												借						略					

图 2-47 库存现金日记账

同步练习

一、单项选择题

1. 单位收入的现金不得作为库存现金留存，应于( )送存银行。
   A. 5 日内　　B. 当日　　C. 次日　　D. 3 日内
2. 现金由( )经管。
   A. 单位负责人　B. 会计主管人员　C. 总会计师　D. 现金出纳
3. 根据《现金管理暂行条例》的规定，不能使用现金的是( )。
   A. 工资及工资性津贴
   B. 结算起点以上的支出
   C. 必须随身携带的差旅费
   D. 各种符合国家规定发放的奖金
4. 现金收入完成时，应在单位留存的收据上加盖( )章。
   A. 现金收讫　B. 现金付讫　C. 法人　D. 财务专用
5. 整理钞票时，( )张纸币为一把。
   A. 10　　B. 50　　C. 100　　D. 200
6. 企业从银行提取现金，登记现金日记账的依据是( )。
   A. 现金付款凭证
   B. 现金收款凭证
   C. 银行存款付款凭证
   D. 银行存款收款凭证
7. 企业的库存现金限额，为( )天的日常零星开支。
   A. 1　　B. 5　　C. 3 至 5　　D. 15
8. 边远地区和交通不便地区的开户单位，其库存现金限额的核定天数可以适当放宽，但最多不得超过( )天。
   A. 5　　B. 10　　C. 15　　D. 30
9. 下列不能用现金支付的是( )。
   A. 购买办公用品 250 元
   B. 向个人收购农副产品 20 000 元
   C. 从某公司购入工业产品 60 000 元
   D. 支付职工差旅费 10 000 元

10. 下列有关企业现金收支的管理规定，正确的是( )。
    A. 企业现金收入应于当日送存开户银行，如当日确有困难，由开户银行确定送存时间
    B. 企业支付现金时，可以从本单位现金收入中直接支付
    C. 企业可用"白条抵库"，但最长不得超过一天
    D. 企业之间可以互借现金

二、多项选择题

1. 下列符合现金管理内部控制规定的有( )。
   A. 出纳人员登记现金日记账   B. 出纳人员负责稽核
   C. 出纳人员管理现金   D. 出纳人员每日盘点
2. 下列单位现金收付操作，属于错误的方式的有( )。
   A. 从企业库存现金限额中支付
   B. 从开户银行中提取支付
   C. 将单位收入的现金按个人储蓄方式存入银行
   D. 白条抵库
3. 下列属于现金结算特点的有( )。
   A. 直接便利   B. 安全性高   C. 不易管理   D. 费用较高
4. 出纳人员不得兼任( )工作。
   A. 稽核   B. 登记收入费用、债权债务账目
   C. 会计档案保管   D. 登记现金、银行存款日记账
5. 下列关于库存现金限额的说法中，正确的有( )。
   A. 各开户单位的库存现金都要核定限额
   B. 银行根据实际需要核定3至5天的日常零星开支数额作为开户单位的库存现金限额
   C. 边远地区和交通不发达地区的开户单位的库存现金限额可以适当放宽，但最多不得超过15天的日常零星开支
   D. 商业和服务行业的找零备用现金也要根据营业额核定定额，应包括在开户单位的库存现金限额之内
6. 现金日记账应根据( )登记。
   A. 现金收款凭证   B. 现金付款凭证
   C. 银行收款凭证   D. 银行付款凭证
7. 应在现金收、付款记账凭证上签字的有( )。
   A. 出纳人员   B. 会计主管   C. 制单人员   D. 稽核人员
8. 以下可以用现金支付的有( )。
   A. 差旅费   B. 货款   C. 工资薪金   D. 个人奖金
9. 现金支票填写时，下列说法中正确的有( )。
   A. 开票日期必须大写
   B. 大写金额数字应紧接"人民币"字样填写，不得留有空白

C. 小写金额前面加人民币符号"¥"
　　D. 收款人填写全称，可以更改
10. 现金日记账的登记要求主要有(　　)。
　　A. 由出纳人员负责登记
　　B. 以审核无误的收、付款凭证为依据
　　C. 应逐日逐笔顺序登记
　　D. 必须逐日结出收入合计和支出合计

三、判断题

1. 单位可以从现金收入中直接支付现金。　　　　　　　　　　　　　(　　)
2. 转账结算凭证在经济往来中具有同现金相同的支付能力。　　　　　(　　)
3. 企业从开户银行提取现金的，应当如实写明用途，由本单位财务部门负责人签字盖章，并经开户银行审批后予以支付。　　　　　　　　　　　　　　　　　(　　)
4. 企业必须建立健全现金账目，逐笔登记，做到"日清日结"。　　　　(　　)
5. 现金出纳应根据现金收付款凭证登记现金日记账。　　　　　　　　(　　)
6. 收款收据的日期应大写。　　　　　　　　　　　　　　　　　　　(　　)
7. 因特殊情况需要坐支现金的，应当事先报经单位负责人审查批准。　(　　)
8. 一个单位在几家银行开户的，只能在一家银行开设现金结算账户，支取现金。(　　)
9. 出纳从银行提取零星现金应编制现金收款凭证。　　　　　　　　　(　　)
10. 结算起点1 000元以下的零星支出可以使用现金支付。　　　　　　(　　)

四、案例分析题

2019年8月5日，优康公司会计主管到下属独立核算的分支机构进行检查。在检查现金业务时发现如下问题。

(1) 保险柜里有未记账的凭证若干，时间为8月1日到4日，另有办公室人员王洪开具的借据一张，金额为800元，未说明用途，也未经过批准。

(2) 8月5日当天收到废料销售现金收入2 000元，因前期设备维修的维修费到期付款，在经办人员催促下，遂将该笔收入中的1 600元用于支付超星机械设备有限公司维修费。

(3) 8月5日下班前，对出纳人员经管现金进行盘点，现金实存1 200元，经询问银行核定的现金限额为1 000元。

要求：指出该分支机构在现金管理中的不当之处。

项目二 非票据结算业务

【技能目标】

- 能为企业正确开立和使用银行结算账户。
- 能按规定流程和方法办理汇兑结算业务。
- 会填写和使用结算业务申请书。
- 会进行汇兑业务的会计核算。
- 能按规定流程和方法办理委托收款业务。
- 会填写委托收款托收凭证。
- 会进行委托收款业务的会计核算。
- 能按规定流程和方法办理托收承付业务。
- 会填写托收承付结算凭证。
- 会进行托收承付业务的会计核算。

【知识目标】

- 掌握单位银行结算账户的分类及使用要求。
- 掌握单位银行结算账户开立、变更和撤销的条件及提交的资料。
- 掌握汇兑结算业务的特点及相关规定。
- 掌握结算业务申请书的填制要求。
- 理解汇兑结算业务收款方和付款方的业务处理流程。
- 掌握委托收款结算的特点及相关规定。
- 掌握托收凭证的填制要求。
- 理解委托收款结算业务收款方和付款方的业务处理流程。
- 掌握托收承付结算的特点及相关规定。
- 理解托收承付结算业务收款方和付款方的业务处理流程。
- 了解拒绝付款理由书的填制方法。
- 理解委托收款和托收承付结算方式的区别。

任务导入

北京佳康宝公司发生以下经济业务。

(1) 佳康宝公司成立之初,2016年1月24日,委派出纳人员范青青到交通银行开立银行结算账户。

(2) 2019年12月1日,佳康宝公司经营业绩良好,准备扩大经营规模,吸收新投资人加入,注册资金从700万元追加到1 000万元。单位负责人委派范青青到银行办理银行结算账户变更业务。

(3) 2019年12月3日,佳康宝公司因业务需要,委派出纳人员范青青去银行购买1本结算业务申请书(每本6元)。

(4) 2019年12月3日,佳康宝公司办理普通电汇业务向广州鸿荣机械有限公司支付材料款702元,并支付手续费。

(5) 2019年12月4日,佳康宝公司采用托收承付结算方式(合同规定采用验货付款)向上海万达实业有限公司采购布套提手一批,价税合计8 004元。12月5日,收到材料及运费的增值税专用发票及开户银行转来的托收凭证。12月8日,采购的布套到达企业并办理验收入库,通知开户银行支付款项。

(6) 2019年12月7日,佳康宝公司收到上海富康按摩椅有限公司汇来的购买整机芯的货款10 000元。

(7) 2019年12月8日,佳康宝公司销售给上海婷美健身器材有限公司按摩垫一批,价款为79 808元,双方约定采用委托收款方式结算。商品已发出,合同编号为20191208。

(8) 佳康宝公司向上海万达实业有限公司购入海绵垫一批,价税合计62 814元,双方约定采用委托收款方式结算。2019年12月14日,佳康宝公司收到上海万达实业有限公司的销售发票及托收凭证。

(9) 2019年12月16日,佳康宝公司销售给广州奥特健身器材有限公司整机芯一批,商品已发出。根据销售单和销售发票确认销货款价税合计5 104元,款项尚未收取,合同编号为20191216,双方约定采用托收承付方式结算。

作为该公司的出纳人员,应如何处理这些业务呢?

任务2.1 银行结算账户管理

知识链接

由于现金开支范围有限,因此单位和个人在经济活动中,更多地采取银行转账方式进行结算。转账结算凭证在经济往来中,具有同现金相同的支付能力。本环节介绍的银行转账结算方式,主要是指汇兑、托收承付和委托收款。而办理银行转账结算的前提是要开设银行结算账户。

银行结算账户是指银行为存款人开立的办理资金收付结算的人民币活期存款账户。银行结算账户按存款人分为单位银行结算账户和个人银行结算账户。存款人以单位名称开立的银行结算账户为单位银行结算账户。存款人凭个人身份证件以自然人名称开立的银行结算账户为个人银行结算账户。个体工商户凭营业执照以字号或经营者姓名开立的银行结算账户纳入单位银行结算账户管理。邮政储蓄机构办理银行卡业务开立的账户纳入个人银行结算账户管理。中国人民银行是银行结算账户的监督管理部门。

单位银行结算账户按用途可分为基本存款账户、一般存款账户、专用存款账户和临时存款账户。

1. 基本存款账户

基本存款账户是存款人因办理日常转账结算和现金收付需要开立的银行结算账户。单位银行结算账户的存款人只能在银行开立一个基本存款账户。下列存款人可以申请开立基本存款账户。

(1) 企业法人。
(2) 非法人企业。
(3) 机关、事业单位。
(4) 团级(含)以上军队、武警部队及分散执勤的支(分)队。
(5) 社会团体。
(6) 民办非企业组织。
(7) 异地常设机构。
(8) 外国驻华机构。
(9) 个体工商户。
(10) 居民委员会、村民委员会、社区委员会。
(11) 单位设立的独立核算的附属机构。
(12) 其他组织。

存款人申请开立基本存款账户,应向银行出具下列证明文件。

(1) 企业法人,应出具企业法人营业执照正本。
(2) 非法人企业,应出具企业营业执照正本。
(3) 机关和实行预算管理的事业单位,应出具政府人事部门或编制委员会的批文或登记证书和财政部门同意其开户的证明;非预算管理的事业单位,应出具政府人事部门或编制委员会的批文或登记证书。
(4) 军队、武警团级(含)以上单位以及分散执勤的支(分)队,应出具军队军级以上单位财务部门、武警总队财务部门的开户证明。
(5) 社会团体,应出具社会团体登记证书,宗教组织还应出具宗教事务管理部门的批文或证明。
(6) 民办非企业组织,应出具民办非企业登记证书。
(7) 异地常设机构,应出具其驻在地政府主管部门的批文。
(8) 外国驻华机构,应出具国家有关主管部门的批文或证明;外资企业驻代表处、办事处,应出具国家登记机关颁发的登记证。
(9) 个体工商户,应出具个体工商户营业执照正本。
(10) 居民委员会、村民委员会、社区委员会,应出具其主管部门的批文或证明。

(11) 独立核算的附属机构，应出具其主管部门的基本存款账户开户登记证和批文。

(12) 其他组织，应出具政府主管部门的批文或证明。

(13) 存款人为从事生产、经营活动纳税人的，还应出具税务部门颁发的税务登记证。

基本存款账户是存款人的主办账户。存款人日常经营活动的资金收付及其工资、奖金和现金的支取，应通过该账户办理。

2. 一般存款账户

一般存款账户是存款人因借款或其他结算需要，在基本存款账户开户银行以外的银行营业机构开立的银行结算账户。

存款人申请开立一般存款账户，应向银行出具其开立基本存款账户规定的证明文件、基本存款账户开户登记证和下列证明文件。

(1) 存款人因向银行借款需要的，应出具借款合同。

(2) 存款人因其他结算需要的，应出具有关证明。

一般存款账户用于办理存款人借款转存、借款归还和其他结算的资金收付。该账户可以办理现金缴存，但不得办理现金支取。

3. 专用存款账户

专用存款账户是存款人按照法律、行政法规和规章，对其特定用途资金进行专项管理和使用而开立的银行结算账户。对下列资金的管理与使用，存款人可以申请开立专用存款账户。

(1) 基本建设资金。

(2) 更新改造资金。

(3) 财政预算外资金。

(4) 粮、棉、油收购资金。

(5) 证券交易结算资金。

(6) 期货交易保证金。

(7) 信托基金。

(8) 金融机构存放同业资金。

(9) 政策性房地产开发资金。

(10) 单位银行卡备用金。

(11) 住房基金。

(12) 社会保障基金。

(13) 收入汇缴资金和业务支出资金。

(14) 党、团、工会设在单位的组织机构经费。

(15) 其他需要专项管理和使用的资金。

存款人申请开立专用存款账户，应向银行出具其开立基本存款账户规定的证明文件、基本存款账户开户登记证和下列证明文件。

(1) 基本建设资金、更新改造资金、政策性房地产开发资金、住房基金、社会保障基金，应出具主管部门批文。

(2) 财政预算外资金，应出具财政部门的证明。

(3) 粮、棉、油收购资金，应出具主管部门批文。

(4) 单位银行卡备用金，应按照中国人民银行批准的银行卡章程的规定出具有关证明和资料。

(5) 证券交易结算资金，应出具证券公司或证券管理部门的证明。

(6) 期货交易保证金，应出具期货公司或期货管理部门的证明。

(7) 金融机构存放同业资金，应出具其证明。

(8) 收入汇缴资金和业务支出资金，应出具基本存款账户存款人有关的证明。

(9) 党、团、工会设在单位的组织机构经费，应出具该单位或有关部门的批文或证明。

(10) 其他按规定需要专项管理和使用的资金，应出具有关法规、规章或政府部门的有关文件。

专用存款账户用于办理各项专用资金的收付。单位银行卡账户的资金必须由其基本存款账户转账存入。该账户不得办理现金收付业务。财政预算外资金、证券交易结算资金、期货交易保证金和信托基金专用存款账户不得支取现金。基本建设资金、更新改造资金、政策性房地产开发资金、金融机构存放同业资金账户需要支取现金的，应在开户时报中国人民银行当地分支行批准。粮、棉、油收购资金，社会保障基金，住房基金和党、团、工会经费等专用存款账户支取现金应按照国家现金管理的规定办理。收入汇缴账户除向其基本存款账户或预算外资金财政专用存款账户划缴款项外，只收不付，不得支取现金。业务支出账户除从其基本存款账户拨入款项外，只付不收，其现金支取必须按照国家现金管理的规定办理。银行应按照规定和国家对粮、棉、油收购资金使用管理规定加强监督，对不符合规定的资金收付和现金支取，不得办理。但对其他专用资金的使用不负监督责任。

4. 临时存款账户

临时存款账户是存款人因临时需要并在规定期限内使用而开立的银行结算账户。有下列情况的，存款人可以申请开立临时存款账户。

(1) 设立临时机构。

(2) 异地临时经营活动。

(3) 注册验资。

存款人申请开立临时存款账户，应向银行出具下列证明文件。

(1) 临时机构，应出具其驻在地主管部门同意设立临时机构的批文。

(2) 异地建筑施工及安装单位，应出具其营业执照正本或其隶属单位的营业执照正本，以及施工及安装地建设主管部门核发的许可证或建筑施工及安装合同。

(3) 异地从事临时经营活动的单位，应出具其营业执照正本以及临时经营地工商行政管理部门的批文。

(4) 注册验资资金，应出具工商行政管理部门核发的企业名称预先核准通知书或有关部门的批文。

第(2)、(3)项情况还应出具其基本存款账户开户登记证。

临时存款账户用于办理临时机构以及存款人临时经营活动发生的资金收付。临时存款账户应根据有关开户证明文件确定的期限或存款人的需要确定其有效期限。存款人在账户的使用中需要延长期限的，应在有效期限内向开户银行提出申请，并由开户银行报中国人民银行当地分支行核准后办理展期。临时存款账户的有效期最长不得超过 2 年。临时存款账户支取现金,应按照国家现金管理的规定办理。注册验资的临时存款账户在验资期间只收不付,注册验资资金的汇缴人应与出资人的名称一致。

5. 异地开立银行结算账户

存款人应在注册地或住所地自主选择银行开立银行结算账户。存款人有下列情形之一的,可以在异地开立有关银行结算账户。

(1) 营业执照注册地与经营地不在同一行政区域(跨省、市、县)需要开立基本存款账户的。

(2) 办理异地借款和其他结算需要开立一般存款账户的。

(3) 存款人因附属的非独立核算单位或派出机构发生的收入汇缴或业务支出需要开立专用存款账户的。

(4) 异地临时经营活动需要开立临时存款账户的。

(5) 自然人根据需要在异地开立个人银行结算账户的。

存款人需要在异地开立单位银行结算账户,除基本证明文件外,还应出具下列相应的证明文件。

(1) 经营地与注册地不在同一行政区域的存款人,在异地开立基本存款账户的,应出具注册地中国人民银行分支行的未开立基本存款账户的证明。

(2) 异地借款的存款人,在异地开立一般存款账户的,应出具在异地取得贷款的借款合同。

(3) 因经营需要在异地办理收入汇缴和业务支出的存款人,在异地开立专用存款账户的,应出具隶属单位的证明。

第(2)、(3)项情况还应出具其基本存款账户开户登记证。

● 典型业务操作

典型工作任务 2.1.1　银行结算账户的开立

【任务描述】2016 年 1 月 24 日,佳康宝公司委派出纳人员范青青到交通银行开立银行结算账户。

【业务指导】

(1) 准备开立银行结算账户的有关资料。开立基本存款账户需提交的资料如下。

① 营业执照原件及复印件。
② 营业执照副本原件及复印件。
③ 税务登记证原件及复印件。
④ 税务登记证副本原件及复印件。
⑤ 组织机构代码证原件及复印件。
⑥ 法定代表人身份证原件及复印件。
⑦ 经办人身份证原件及复印件。
⑧ 授权委托书。
⑨ 开户申请书。

⑩ 预留印鉴卡。

(2) 经办人员填写银行存款账户开户申请书(见图2-48)和预留印鉴卡(见图2-49)。

图 2-48　银行存款账户开户申请书

图 2-49　预留印鉴卡

操作提示：

存款人申请开立银行结算账户时，应填制银行存款账户开户申请书。开户申请书按照中国人民银行的规定记载有关事项。银行存款账户开户申请书一般一式三联，第一联由人民银行留存，第二联由开户银行留存，第三联由存款人留存。

单位开立银行结算账户的名称应与其提供的申请开户的证明文件的名称全称相一致。有字号的个体工商户开立银行结算账户的名称应与其营业执照的字号相一致；无字号的个体工商户开立银行结算账户的名称由"个体户"字样和营业执照记载的经营者姓名组成。

除中国人民银行另有规定的以外，应建立存款人预留印鉴卡片，并将签章式样和有关证明文件的原件或复印件留存归档。

(3) 将开户资料送财务经理和总经理审核后，在开户申请书上加盖单位公章(见图 2-50)；在预留印鉴卡正面(见图 2-51)加盖本单位财务专用章，背面(见图 2-52)加盖单位公章和法人名章。

图 2-50　银行存款账户开户申请书(已盖章)

第二部分 出纳实务操作

交通银行 北京支 **行 预留签章卡**

必填信息
- 账　　号：
- 户　　名：北京佳康宝健身器材有限公司
- 联系电话：010-83847491
- 联 系 人：xxx
- 启用日期：2016 年 01 月 24 日
- 客 户 号：
- 邮　　编：100010
- 地　　址：北京市东城区朝阳门北大街9号

预留签章

（旧预留签章卡装订于　　年　月　日凭证）本行共预留　　份预留签章卡

会计负责人：李光照　　　　　　　经办：范青青

图 2-51 预留印鉴卡正面

更换预留签章通知书（以下新开户免填）

我单位定于　　年　月　日启用新预留签章（见预留签章卡正面）旧预留签章同日注销，在更换预留签章以前本户开出之票据在规定有效期限内前来支取时该预留签章仍继续有效，由此产生的经济责任由本单位承担。

（原预留签章）

授权证明书

本签章系证明我单位所留预留签章（见预留签章卡正面）有效。

（单位公章及法定代表人签章）

图 2-52 预留印鉴卡背面

操作提示：

存款人申请开立单位银行结算账户时，可由法定代表人或单位负责人直接办理，也可授权他人办理。由法定代表人或单位负责人直接办理的，除出具相应的证明文件外，还应出具法定代表人或单位负责人的身份证件；授权他人办理的，除出具相应的证明文件外，还应出具其法定代表人或单位负责人的授权书(见图2-53)及其身份证件，以及被授权人的身份证件。

授权委托书

交通银行北京东城区支行：

　　兹授权本公司范青青（身份证号码：110112198608191422）到贵行办理开立基本存款账户事宜，由此产生的经济责任和法律后果由我公司承担，与贵行无关。

　　若有变动，我公司将以书面形式通知贵行，如我公司未及时通知贵行，所造成的一切经济责任和法律后果由我公司承担。

　　特此申明！

　　授权有效期：2016年1月20日—2016年1月3□

授权人：王天一

图2-53　授权委托书

(4) 经办人员持开户资料到银行办理开户。银行应对存款人的开户申请书填写的事项和证明文件的真实性、完整性、合规性进行认真审查。经审查符合银行结算账户开户要求的，在银行存款账户开户申请书(见图2-54)及预留签章卡(见图2-55)上加盖银行业务章，返还银行存款账户开户申请书的存款人留存联。

图2-54　银行存款账户开户申请书

图 2-55 预留签章卡(已盖银行章)

操作提示：

符合开立基本存款账户、临时存款账户和预算单位专用存款账户条件的，银行应将存款人的开户申请书、相关的证明文件和银行审核意见等开户资料报送中国人民银行当地分支行，经其核准后办理开户手续。中国人民银行应于 2 个工作日内对银行报送的基本存款账户、临时存款账户和预算单位专用存款账户的开户资料的合规性予以审核，符合开户条件的，予以核准；不符合开户条件的，应在开户申请书上签署意见，连同有关证明文件一并退回报送银行。

符合开立一般存款账户、其他专用存款账户和个人银行结算账户条件的，银行应办理开户手续，并于开户之日起 5 个工作日内向中国人民银行当地分支行备案。

(5) 领取开户许可证。接到银行通知，开户单位可以凭银行存款账户开户申请书的存款人留存联领取开户许可证(见图 2-56)。开户许可证是记载单位银行结算账户信息的有效证明，存款人应按本办法的规定使用，并妥善保管。

存款人开立单位银行结算账户，自正式开立之日起 3 个工作日后方可办理付款业务。但注册验资的临时存款账户转为基本存款账户和因借款转存开立的一般存款账户除外。

图 2-56 开户许可证

操作提示：

存款人申请开立一般存款账户、专用存款账户或临时存款账户的基本流程与开立基本存款账户类似。

开立一般存款账户时，需提交的资料包括：①营业执照原件及复印件；②税务登记证原件及复印件；③组织机构代码证原件及复印件；④法定代表人身份证原件及复印件；⑤经办人身份证原件及复印件；⑥授权委托书；⑦开户许可证原件及复印件；⑧开户申请书；⑨预留印鉴卡等。

新企业成立要开立验资账户时，应向银行提交的材料包括：①企业名称预先核准通知书原件及复印件；②法定代表人身份证原件及复印件；③经办人身份证原件及复印件；④股东身份证原件及复印件；⑤授权委托书；⑥开户申请书；⑦预留印鉴卡等。

银行为存款人开立一般存款账户、专用存款账户和临时存款账户的，应自开户之日起3个工作日内书面通知基本存款账户开户银行；并在其基本存款账户开户登记证上登记账户名称、账号、账户性质、开户银行、开户日期，并签章。但临时机构和注册验资需要开立的临时存款账户的除外。

典型工作任务 2.1.2　银行结算账户的变更

【任务描述】2019年12月1日，佳康宝公司经营业绩良好，准备扩大经营规模，吸收新投资人加入，注册资金从700万元追加到1 000万元。单位负责人委派范青青到银行办理银行结算账户变更业务。

【业务指导】

(1) 经办人填写银行结算账户变更申请书(见图 2-57)。

变更银行结算账户申请书

账户名称		北京佳康宝健身器材有限公司		
开户银行机构代码		30100100	账　号	11000761101800642118
账户性质		基本(√) 专用( ) 一般( ) 临时( ) 个人( )		
开户许可证核准号		J1000054115101		
变更事项及变更后内容如下：				
账户名称				
地址				
邮政编码				
电话				
注册资金金额		1000 万元		
证明文件种类				
证明文件编号				
经营范围				
法定代表人或单位负责人	姓名			
	证件种类			
	证件号码			
关联企业		变更后的关联企业信息填列在"关联企业登记表"中。		
上级法人或主管单位的基本存款账户核准号				
上级法人或主管单位的名称				
上级法人或主管单位法定代表人或单位负责人	姓名			
	证件种类			
	证件号码			
本存款人申请变更上述银行账户内容，并保证所提供的资料真实、有效。 存款人(签章) 2019 年 12 月 1 日		开户银行审核意见： 经办人(签章) 开户银行(签章) 　年　月　日		人民银行审核意见： 经办人(签名) 人民银行(签章) 　年　月　日

图 2-57　变更银行结算账户申请书

操作提示：

存款人申请变更基本存款账户开户资料信息，应向银行提交基本存款账户开户许可证及相关证明文件，并填写变更银行结算账户申请书。变更银行结算账户申请书一般一式三联，一联存款人留存，一联开户银行留存，一联中国人民银行当地分支行留存。

基本存款账户允许变更事项如下。

① 存款人名称。
② 法定代表人姓名、法定代表人身份证件种类及编号。
③ 工商营业执照注册号。
④ 组织机构代码。
⑤ 证明文件种类及证明文件编号。
⑥ 税务登记证编号。
⑦ 地址、邮政编码、电话。
⑧ 经营范围。
⑨ 注册资金币种、注册资金金额。
⑩ 行业归属(产业分类)。

单位银行结算账户的账户性质是不能做变更的，改变账户性质应做新开户处理。另外，存款人变更存款人类别及账号，也应做新开户处理。

(2) 经办人向银行提交账户变更需要的资料，办理银行结算账户变更申请。基本存款账户变更需要提交的资料除变更银行结算账户申请书之外，还包括营业执照正副本、税务登记证正副本、组织机构代码证正副本、开户许可证、预留印鉴卡、法人身份证原件、经办人身份证原件、授权委托书及变更事项证明文件等。

存款人的基础信息发生变更，应于5个工作日内向开户银行提出银行结算账户的变更申请，连同相关证明文件及开户许可证提交开户银行，由银行办理变更手续。

(3) 银行收到存款人变更银行结算账户申请后，应对存款人提交的变更申请资料的真实性、完整性、合规性进行审查；并于2个工作日内将存款人的变更银行结算账户申请书、开户许可证以及有关证明文件报送中国人民银行当地分支行。中国人民银行当地分支行应当对存款人的变更申请进行审核并签署意见，重新核发开户许可证。不符合变更条件的，中国人民银行当地分支行不核准变更申请并退回有关资料。

典型工作任务2.1.3　银行结算账户的撤销

【任务描述】 当企业撤并、解散、宣告破产或关闭，注销、被吊销营业执照，因迁址需要变更开户银行或其他原因需要撤销银行结算账户的，应及时向开户银行提出单位结算账户撤销申请，并按要求办理撤销手续。

【业务指导】

(1) 经办人填写撤销银行结算账户申请书(见图2-58)。

撤销银行结算账户申请书

账户名称			
开户银行名称			
开户银行机构代码		账　号	
账户性质	基本(√) 专用( ) 一般( ) 临时( ) 个人( )		
开户许可证核准号			
销户原因			
我公司申请撤销上述账户，承诺所提供的证明文件真实、有效，并承诺已交回或销毁在贵行购买但未使用的重要空白票据和结算凭证，若有遗失上述重要空白票据和结算凭证，损失自负。我公司将被要求赔偿银行所遭受的由于银行执行有客户签发的，或声明由客户或代表客户签发的支付票据和结算凭证引起或者相关的任何损失。 存款人(签章) 　　年　　月　　日		开户银行审核意见： 经办人(签章) 开户银行(签章) 　　年　　月　　日	

图 2-58　撤销银行结算账户申请书

操作提示：

撤销银行结算账户申请书一般一式三联，一联存款人留存，一联开户银行留存，一联中国人民银行当地分支行留存。

(2) 经办人向银行提交有关证明资料，办理银行结算账户撤销。当存款人撤并、解散、宣告破产或关闭，注销、被吊销营业执照时，应于 5 个工作日内向开户银行提出撤销银行结算账户的申请。存款人尚未清偿其开户银行债务的，不得申请撤销该账户。办理账户撤销时，需携带公章、财务印鉴(财务专用章及法人名章)、法人代表授权办理账户撤销事宜的授权书、法人代表身份证、经办人身份证等文件。撤销账户前，存款人要将账户剩余款项划转至其他在用的单位银行结算账户，并将多余的重要空白票据及结算凭证和开户许可证交回银行。

(3) 银行办理结算账户撤销。撤销基本存款账户的，存款人基本存款账户的开户银行应自撤销银行结算账户之日起 2 个工作日内将撤销该基本存款账户的情况书面通知该存款人其他银行结算账户的开户银行；存款人其他银行结算账户的开户银行，应自收到通知之日起 2 个工作日内通知存款人撤销有关银行结算账户；存款人应自收到通知之日起 3 个工作日内办理其他银行结算账户的撤销。存款人超过规定期限未主动办理撤销银行结算账户手续的，银行有权停止其银行结算账户的对外支付。

存款人撤销银行结算账户必须与开户银行核对银行结算账户存款余额，交回各种重要空白票据及结算凭证和开户登记证，银行核对无误后方可办理销户手续。存款人未按规定交回各种重要空白票据及结算凭证的，应出具有关证明，造成损失的，由其自行承担。

银行撤销单位银行结算账户时应在其基本存款账户开户登记证上注明销户日期并签章,同时于撤销银行结算账户之日起 2 个工作日内,向中国人民银行报告。

银行对一年未发生收付活动且未欠开户银行债务的单位银行结算账户,应通知单位自发出通知之日起 30 日内办理销户手续,逾期视同自愿销户,未划转款项列入久悬未取专户管理。

因迁址需要变更开户银行或其他原因撤销银行结算账户,需要新开立基本存款账户的,应在撤销其原基本存款账户后 10 日内申请重新开立基本存款账户。

任务 2.2　汇兑结算业务处理

知识链接

1. 汇兑结算的概念及分类

汇兑是汇款人委托银行将款项汇往收款人账户的一种结算方式。

汇兑按照划转款项方法以及传递方式的不同,可以分为信汇和电汇两种。信汇是以邮寄方式划转款项,费用较低,到账速度较慢,目前许多银行已经取消了信汇业务,企业较少使用这种方式进行划款,其办理流程与填制的凭证与电汇类似;电汇是以银行电子汇划系统联系的方式划转款项,费用较高,到账速度快,是企业常用的结算方式。

电汇按照款项到账的时间,可以分为普通电汇和实时电汇。实时电汇又称加急电汇,可保证汇款人所汇款项在 2 个小时内到账。

2. 汇兑结算的特点及基本规定

(1) 汇兑结算的特点。

① 汇兑结算不受金额起点的限制,即不论汇款金额多少均可以办理信汇和电汇结算。

② 汇兑结算手续简便易行,单位或个人很容易办理。

③ 汇兑结算具有款项直接到账、到账速度快的特点。电汇是目前支付速度最快的结算方式,尤其体现在异地支付上。因此,汇兑常用于异地上下级单位之间的资金调剂、清理旧欠以及往来款项的结算等。

④ 汇兑结算方式广泛应用于异地钱货不一致(先汇款后发货)的交易结算,或者同城间收款单位对款项到账时间要求很急的结算情况。购货单位采用先汇款后发货的交易方式时,应详尽了解销货单位资信情况和供货能力,以免盲目地将款项汇出却收不到货物。如果对销货单位的资信情况和供货能力缺乏了解,可将款项汇到采购地,在采购地开立临时存款账户,派人监督支付。

⑤ 汇兑结算方式除了适用于单位之间的款项划拨外,也可用于单位对异地的个人支付有关款项,如退休工资、医药费、各种劳务费、稿酬等,还可适用于个人对异地单位所支付的有关款项,如邮购商品、书刊等。

(2) 汇部结算的基本规定。

① 支取现金的规定。收款人要在汇入银行支取现金，付款人在填制信汇或电汇凭证时，应在信(电)汇凭证"汇款金额"大写金额栏中填写"现金"字样。款项汇入异地后，收款人需携带本人的身份证件或汇入地有关单位足以证实收款人身份的证明，到银行一次性办理现金支付手续。信汇或电汇凭证上未注明"现金"字样而需要支取现金的，由汇入银行按现金管理规定审查支付；需支取部分现金的，收款人应填写取款凭证和存款凭证送交汇入银行，办理支取部分现金和转账手续。

② 留行待取的规定。汇款人将款项汇往异地需派人领取的，在办理汇款时，应在签发的汇兑凭证各联的"收款人账号或地址"栏注明"留行待取"字样。留行待取的汇款，需要指定单位的收款人领取汇款的，应注明收款人的单位名称。信汇凭印鉴支取的，应在第四联凭证上加盖预留的收款人印鉴。款项汇入异地后，收款人需携带足以证明本人身份的证件，或汇入地有关单位足以证实收款人身份的证明向银行支取款项。如信汇凭印鉴支取的，收款人必须持与预留印鉴相符的印章，经银行验对无误后，方可办理支款手续。

③ 分次支取的规定。收款人接到汇入银行的取款通知后，若收款人需要分次支取的，要向汇入银行说明分次支取的原因和情况，经汇入银行同意以收款人名义设立临时存款账户，该账户只付不收，结清为止，不计利息。

④ 转汇的规定。收款人如需将汇款转到另一地点，应在汇入银行重新办理汇款手续。转汇时，收款人和用途不得改变，汇入银行必须在信汇或电汇凭证上加盖"转汇"戳记。

⑤ 退汇的规定。汇款人对汇出银行尚未汇出的款项可以申请撤销；对已经汇出的款项可以申请退汇。汇入银行对于收款人拒绝接受的汇款，应立即办理退汇。汇入银行对于向收款人发出取款通知2个月后仍无法交付的汇款，应主动办理退汇。

3. 汇兑凭证的填制

(1) 汇兑凭证的记载事项。签发汇兑凭证必须记载下列事项。
① 表明信汇或电汇的字样。
② 无条件支付的委托。
③ 确定的金额。
④ 收款人名称。
⑤ 汇款人名称。
⑥ 汇入地点、汇入行名称。
⑦ 汇出地点、汇出行名称。
⑧ 委托日期。
⑨ 汇款人签章。

汇兑凭证上欠缺上列记载事项之一的，银行不予受理。

汇兑凭证记载的汇款人名称、收款人名称，其在银行开立存款账户的，必须记载其账号。欠缺记载的，银行不予受理。

(2) 汇兑凭证的填制要求。汇兑凭证应用蓝黑色笔填写，凭证要素不能涂改，涂改的凭证无效。也可以填制通用的银行结算业务申请书(见图2-59)代替汇兑凭证。

图 2-59 结算业务申请书

① 填写委托日期。委托日期是指汇款人向汇出银行提交汇兑凭证的当日。

② 填写电汇种类。如果需要加急的,在"□加急"处打"√"。

③ 填写汇款人信息。汇款人的全称、账号、汇出行名称必须完整,汇出地点填写明确,不得涂改、多字、漏字。

④ 填写收款人信息。收款人的全称、账号、汇出行名称必须完整,汇出地点填写明确,不得涂改、多字、漏字。

⑤ 填写结算金额。填写大写金额时应注意顶格,大写前不得留出空白;小写最高位前加"¥"。没有"角"或"分"的以 0 补足。

⑥ 填写支付密码。与汇款银行签订支付密码协议的企业填写,未签订的不填写。

⑦ 填写附加信息及用途。按照付款要求或实际付款用途填写。

⑧ 加盖汇款人财务印鉴。在"申请人签章"处加盖汇款人的财务印鉴。

● 典型业务操作

典型工作任务 2.2.1　购入汇兑凭证

【任务描述】2019 年 12 月 3 日,佳康宝公司因业务需要,委派出纳人员范青青去银行购买 1 本结算业务申请书(每本 6 元)。

【业务处理流程】

购入汇总凭证业务处理流程如图 2-60 所示。

岗位	出纳	会计主管	总经理	银行柜员	制单会计	会计主管	记账会计	出纳
工作任务	填制凭证	审核凭证	审核凭证	银行办理	填制凭证	审核凭证	登记账簿	登记账簿
典型凭证记录	空白凭证领用单	空白凭证领用单	空白凭证领用单	空白凭证领用单	记账凭证	记账凭证	明细账	银行存款日记账

图 2-60　购入汇兑凭证业务处理流程

【业务指导】

(1) 出纳人员填写空白凭证领用单(见图 2-61)。

图 2-61　空白凭证领用单

操作提示：

不同银行的空白凭证领用单样式略有差别，但需填写的项目及注意事项基本相同。填写项目一般包括：购买凭证的时间、领用单位名称及账号、购买凭证的名称、购买数量、单价及金额、汇总购买各项凭证所需费用合计金额的大写及小写、领购人姓名等，还需加盖财务印鉴。空白凭证领用单可能只有一联或采取多联式。本案例中空白凭证领用单共四联，第一联为转账付出传票，第二联为转账收入传票，第三联为表外科目付出传票，第四联为缴费收据。

(2) 出纳人员将填好的空白凭证领用单交会计主管和总经理进行审核。空白凭证领用单经会计主管审核完毕,加盖财务专用章;经总经理审核完毕,加盖法人名章(见图2-62)。

图2-62　空白凭证领用单(已盖章)

(3) 出纳人员凭空白凭证领用单到银行购入结算业务申请书,银行办理完毕后将空白凭证领用单的缴费收据联(见图2-63)返回给领购单位。

图2-63　空白凭证领用单(缴费收据联)

(4) 出纳人员将取回的空白凭证领用单的缴费收据联交制单会计,由制单会计据其填制记账凭证(见图2-64)。

图 2-64 付款凭证

(5) 制单会计将完成的记账凭证交会计主管进行审核。审核完毕后的记账凭证交记账会计登记财务费用明细账，交出纳人员登记银行存款日记账(见图 2-65)。记账会计、出纳分别在记账凭证上签字(签字后的记账凭证略)。

银行存款日记账

2019年		凭证		对方科目	摘要	借方	贷方	借或贷	余额	√
月	日	种类	号数			亿千百十万千百十元角分	亿千百十万千百十元角分		亿千百十万千百十元角分	
12	1				期初余额 ……			借	788000 00	
12	3	银付	略	财务费用	购买结算业务申请书		600	借	略	

图 2-65 银行存款日记账

典型工作任务 2.2.2　电汇付款业务

【任务描述】2019 年 12 月 3 日，佳康宝公司办理普通电汇业务向广州鸿荣机械有限公司支付材料款 702 元，并支付手续费。

【业务处理流程】

电汇付款业务处理流程如图 2-66 所示。

图 2-66 电汇付款业务处理流程

【业务指导】

(1) 出纳人员根据采购员交来的采购材料的增值税专用发票(见图 2-67),填写电汇结算业务申请书(见图 2-68)。

图 2-67 采购材料增值税专用发票

图 2-68 结算业务申请书

操作提示：

各地区各金融机构不同时期印制的汇兑结算凭证样式略有差别，但需填写的项目及注意事项基本相同。有些银行将办理电汇、银行汇票、本票等业务的凭证统一样式，称为业务委托书。办理业务时，需要在相应的业务选项中打"√"。本案例中结算业务申请书为一式三联，第一联是付款银行作记账凭证；第二联是收款银行作记账凭证；第三联是付款银行交于付款人的回单联。

(2) 会计主管、总经理审核付款申请书及电汇结算业务申请书，确认无误后在结算业务申请书上分别加盖财务专用章及法人名章(见图 2-69)。

图 2-69　结算业务申请书(已盖章)

(3) 出纳人员持电汇结算业务申请书去银行办理电汇业务。银行根据电汇凭证所载信息，将款项从本企业账户划入收款企业账户，并将业务回单(第三联)(见图 2-70)退还给汇款企业。

图 2-70　结算业务申请书第三联

同时，按银行收费标准，银行对本笔电汇业务收取邮电费 5 元，手续费 0.5 元。银行手续费收费凭证如图 2-71 所示。

图 2-71　银行手续费收费凭证

(4) 出纳人员将取回的结算业务申请书回单联及付款申请书交制单会计编制支付材料款的记账凭证(见图 2-72)，将银行手续费收费凭证交制单会计编制支付汇兑手续费的记账凭证(见图 2-73)。

付　款　凭　证

贷方科目：**银行存款**　　2019 年 12 月 3 日　　制单编号　**略**

对方单位	摘要	借方科目		金额
		总账科目	明细科目	千百十万千百十元角分
	支付材料费	原材料		6 2 1 2 4
		应交税费	应交增值税(进项税额)	8 0 7 6
		合　计		¥ 7 0 2 0 0

会计主管　　　记账　　　稽核　　　出纳　　　制单　**米乐**

附凭证 2 张

图 2-72　付款凭证(材料费)

图 2-73 付款凭证(汇兑手续费)

(5) 制单会计将记账凭证交会计主管进行审核。审核完毕后的记账凭证交记账会计登记材料明细账、税费、财务费用明细账，交出纳人员登记银行存款日记账(见图 2-74)。记账会计、出纳分别在记账凭证上签字(签字后的记账凭证略)。

银行存款日记账

2019年		凭证		对方科目	摘要	借方	贷方	借或贷	余额	
月	日	种类	号数			亿千百十万千百十元角分	亿千百十万千百十元角分		亿千百十万千百十元角分	
12	1				期初余额			借	7 8 8 0 0 0 0 0	
12	3	银付	略	财务费用	购买结算业务申请书		6 0 0	借	略	
12	3	银付	略	原材料等	支付材料费		7 0 2 0 0	借	略	
12	3	银付	略	财务费用	支付汇兑手续费		5 5 0	借	略	

图 2-74 银行存款日记账

典型工作任务 2.2.3 电汇收款业务

【任务描述】2019 年 12 月 7 日，佳康宝公司收到上海富康按摩椅有限公司汇来的购买整机芯的货款 10 000 元。

【业务处理流程】

电汇收款业务处理流程如图 2-75 所示。

图 2-75　电汇收款业务处理流程

【业务指导】

(1) 出纳人员将银行转来的银行业务回单联(见图 2-76)交制单会计，制单会计据此编制银行收款凭证(见图 2-77)。

图 2-76　银行业务回单

(2) 制单会计将记账凭证交会计主管进行审核。审核完毕后的记账凭证交记账会计登记应收账款明细账，交出纳人员登记银行存款日记账(图 2-78)。记账会计、出纳分别在记账凭证上签字(签字后的记账凭证略)。

收款凭证

借方科目：**银行存款**　　2019 年 12 月 7 日　　出纳编号 ＿＿＿＿
　　　　　　　　　　　　　　　　　　　　　　　制单编号 **略**

对方单位	摘要	贷方科目		金额	记账符号	附凭证
		总账科目	明细科目	千百十万千百十元角分		
	收整机芯销货款	应收账款	上海富康	1000000		1 张
	合　计			¥1000000		

会计主管　　　　记账　　　　稽核　　　　出纳　　　　制单 **米乐**

图 2-77　收款凭证

银行存款日记账

2019年		凭证		对方科目	摘要	借方	贷方	借或贷	余额	✓
月	日	种类	号数			亿千百十万千百十元角分	亿千百十万千百十元角分		亿千百十万千百十元角分	
12	1				期初余额			借	78800000	
					……					
12	3	银付	略	财务费用	购买结算业务申请书		600	借	略	
12	3	银付	略	原材料等	支付材料费		70200	借	略	
12	3	银付	略	财务费用	支付汇兑手续费		550	借	略	
					……					
12	7	银收	略	应收账款	收整机芯销货款	1000000		借	略	

图 2-78　银行存款日记账

任务 2.3　委托收款结算业务处理

● **知识链接**

1. 委托收款的概念及分类

委托收款是收款人向银行提供收款依据，委托银行向付款人收取款项的结算方式。单位和个人凭已承兑商业汇票、债券、存单等付款人债务证明办理款项的结算，均可以使用委托收款结算方式。

委托收款结算款项的划回方式分邮寄和电报两种，由收款人选用。

2. 委托收款结算的特点及基本规定

(1) 委托收款结算的特点。

① 委托收款在同一票据交换区(同城)和非同一票据交换区(异地)均可使用。

② 委托收款不受金额起点的限制，凡是收款单位发生的各种应收款项，无论金额大小，只要持有债务证明，均可委托银行进行收款。

③ 委托收款的付款期为3天，从付款人开户银行发出付款通知的次日算起(付款期内遇节假日可以顺延)。付款人在付款期内未向银行提出异议的，银行视作同意付款，并在付款期满的次日开始营业，将款项主动划给收款人。若在付款期满前付款人通知银行提前付款，则银行即刻付款。

④ 凡在银行或其他金融机构开立账户的单位和个体经济户的商品交易，公用事业单位向用户收取水电费、邮电费、煤气费、公房租金等劳务款项以及其他应收款项，均可使用委托收款的结算方式。

⑤ 委托收款结算方式是建立在商业信用基础上的结算方式，银行不参与监督，不负责审查付款单位拒付的理由，结算中发生的争议由双方自行协商解决。

(2) 委托收款结算的基本规定。

① 付款的规定。以银行为付款人的，银行应在当日将款项主动支付给收款人。以单位为付款人的，银行应及时通知付款人，按照有关办法规定，需要将有关债务证明交给付款人的应交给付款人，并签收。

付款人应于接到通知的当日书面通知银行付款。按照有关办法规定，付款人未在接到通知日的次日起3日内通知银行付款的，视同付款人同意付款，银行应于付款人接到通知日的次日起第4日上午开始营业时，将款项划给收款人。

付款人提前收到由其付款的债务证明，应通知银行于债务证明的到期日付款。付款人未于接到通知日的次日起3日内通知银行付款，付款人接到通知日的次日起第4日在债务证明到期日之前的，银行应于债务证明到期日将款项划给收款人。

② 拒绝付款的规定。付款单位审查有关单证后，认为所发货物的品种、规格、质量等与双方签订的合同不符或因其他原因对收款单位委托内部收取的款项需要全部或部分拒绝付款，可以办理拒绝付款。以银行为付款人的，应自收到委托收款及债务证明的次日起3日内出具拒绝证明连同有关债务证明、凭证寄给被委托银行，转交收款人。以单位为付款人的，应在付款人接到通知日的次日起3日内出具拒绝证明，持有债务证明的，应将其送交开户银行。银行将拒绝证明、债务证明和有关凭证一并寄给被委托银行，转交收款人。

③ 无款支付的规定。银行在办理划款时，付款人存款账户不足支付的，应通过被委托银行向收款人发出未付款项通知书。按照有关办法规定，债务证明留存付款人开户银行的，应将其债务证明连同未付款项通知书邮寄被委托银行，转交收款人。

3. 委托收款凭证的填制

(1) 委托收款凭证的记载事项。签发委托收款凭证必须记载下列事项。

① 表明委托收款的字样。

② 确定的金额。

③ 付款人名称。
④ 收款人名称。
⑤ 委托收款凭据名称及附寄单证张数。
⑥ 委托日期。
⑦ 收款人签章。

欠缺记载上列事项之一的，银行不予受理。

委托收款以银行以外的单位为付款人的，委托收款凭证必须记载付款人开户银行名称；以银行以外的单位或在银行开立存款账户的个人为收款人的，委托收款凭证必须记载收款人开户银行名称；未在银行开立存款账户的个人为收款人的，委托收款凭证必须记载被委托银行名称。欠缺记载的，银行不予受理。

(2) 委托收款凭证的填制要求。委托收款凭证如图 2-79 所示。

图 2-79 委托收款凭证

托收凭证应用蓝黑色笔填写，凭证要素不能涂改，涂改的凭证无效。

① 委托日期。用小写数字。委托日期是指收款人向银行提交托收凭证的当天的日期。
② 业务类型。分别为委托收款(邮划)、委托收款(电划)、托收承付(邮划)、托收承付(电划)。
③ 付款人全称。
④ 付款人账号。付款人账号栏不填，由付款银行查询后自行填写。
⑤ 付款人地址及开户银行。若票面有付款行详细地址则按地址填写，若没有，需查询该付款行隶属于何省何市(或县)后填写。
⑥ 收款人全称。填写汇票权利的最后持有人名称。
⑦ 收款人账号。填写汇票权利的最后持有人在托收行(即开户行)开立的账号。

⑧ 收款人地址及开户银行信息。填写收款单位隶属省、市(县)名称；开户行填写托收行名称。

⑨ 金额。人民币大小写金额，大小写必须一致且不得更改。大写金额数字应紧接"人民币"字样填写，不得留有空白；小写金额前面加人民币符号"￥"。

⑩ 托收款项内容。如材料款、水电费、货款等。

⑪ 托收所附凭据名称。如增值税专用发票、承兑汇票等。

⑫ 托收所附寄单证张数。按照托收凭证的实际张数填写。

⑬ 商品发运情况。办理托收承付时必须填写。

⑭ 合同名称及号码。办理托收承付时必须填写。

⑮ 此栏各联次有所不同，主要填写收、付款人开户银行收到的日期及加盖银行经办人员的签章等。

⑯ 此栏各联次有所不同，主要填写收、付款人开户银行办理业务的日期及加盖银行的签章。

⑰ 此栏各联次有所不同，主要加盖收、付款人开户银行的签章。

◆ 典型业务操作

典型工作任务 2.3.1　销售商品收款业务

【任务描述】2019 年 12 月 8 日，佳康宝公司销售给上海婷美健身器材有限公司按摩垫一批，价款为 79 808 元，双方约定采用委托收款方式结算。商品已发出，合同编号为 20191208。

【业务处理流程】

委托收款收款方业务处理流程如图 2-80 所示。

岗位	出纳	会计主管	总经理	银行柜员	制单会计	会计主管	记账会计	银行柜员	制单会计	会计主管	记账会计	出纳
工作任务	填制单证	审核签章	审核签章	银行办理	填制凭证	审核凭证	登记账簿	收到款项	填制凭证	审核凭证	登记账簿	登记账簿
典型凭证记录	托收凭证	托收凭证	托收凭证	托收凭证	托收凭证、发票等记账凭证	记账凭证	应收账款等明细账	托收凭证收账通知联	托收凭证收账通知联、记账凭证	记账凭证	应收账款等明细账	银行存款日记账

图 2-80　委托收款收款方业务处理流程

【业务指导】

(1) 出纳人员根据业务员交来的销售单(见图 2-81)、增值税专用发票(见图 2-82)填写托收凭证(见图 2-83)。

图 2-81　销售单

图 2-82　增值税专用发票

图 2-83　托收凭证

操作提示：

托收凭证从银行购入，每本25份，每份一式五联。第一联是受理回单联，是收款人开户银行给收款人的受理回单；第二联是贷方凭证联，是收款人开户银行作贷方凭证；第三联是借方凭证联，是付款人开户银行作借方凭证；第四联是收账通知联，是付款人开户银行凭以汇款或收款人开户银行作收账通知；第五联是付款通知联，是付款人开户银行给付款人的按期付款通知。

(2) 会计主管、总经理审核委托收款托收凭证，确认无误后在贷方凭证联(见图2-84)上分别加盖财务专用章及法人名章。

图2-84　托收凭证贷方凭证联

(3) 出纳去银行办理委托收款，银行受理托收业务并加盖银行业务受理章(见图2-85)。

图2-85　托收凭证受理回单联

(4) 出纳人员将银行受理托收业务的受理回单、销售单及增值税发票交制单会计编制记账凭证(见图2-86)。

图 2-86　记账凭证

(5) 会计主管审核记账凭证，审核完毕后的记账凭证交记账会计登记应收账款等相关明细账。记账会计在记账凭证上签字(签字后的记账凭证略)。

(注：本业务没有银行存款的流入流出，因此出纳不必登记银行存款日记账。)

(6) 开户银行收取款项后，出纳人员将银行转来的托收凭证收账通知联(见图2-87)交给制单会计，由制单会计编制记账凭证(见图2-88)。

图 2-87　托收凭证收账通知联

收 款 凭 证

出纳编号 _____

借方科目：**银行存款**　　　2019年 12月 10日　　　制单编号：**略**

对方单位	摘要	贷方科目		金额	记账符号	附凭证
		总账科目	明细科目	千百十万千百十元角分		
	收按摩垫销货款	应收账款	上海婷美	7 9 8 0 8 0 0		1张
		合　计		￥7 9 8 0 8 0 0		

会计主管　　　　记账　　　　稽核　　　　出纳　　　　制单 **米乐**

图 2-88　收款凭证

(7) 制单会计将编制的记账凭证交由会计主管审核。审核完毕后的记账凭证交记账会计登记应收账款明细账，交出纳人员登记银行存款日记账(见图 2-89)。记账会计、出纳分别在记账凭证上签字(签字后的记账凭证略)。

银行存款日记账

2019年		凭证		对方科目	摘要	借方	贷方	借或贷	余额	✓
月	日	种类	号数			亿千百十万千百十元角分	亿千百十万千百十元角分		亿千百十万千百十元角分	
12	1				期初余额			借	7 8 8 0 0 0 0 0	
...										
12	3	银付	略	财务费用	购买结算业务申请书		6 0 0	借	略	
12	3	银付	略	原材料等	支付材料费		7 0 2 0 0	借	略	
12	3	银付	略	财务费用	支付汇兑手续费		5 5 0	借	略	
12	7	银收	略	应收账款	收整机芯销货款	1 0 0 0 0 0 0		借	略	
12	10	银收	略	应收账款	收按摩垫销货款	7 9 8 0 8 0 0		借	略	

图 2-89　银行存款日记账

典型工作任务 2.3.2　采购商品付款业务

【任务描述】佳康宝公司向上海万达实业有限公司购入海绵垫一批，价税合计 62 814 元，双方约定采用委托收款方式结算。2018 年 12 月 14 日，佳康宝公司收到上海万达实业有限公司的销售发票及托收凭证。

【业务处理流程】

委托收款付款方业务处理流程如图 2-90 所示。

岗位	出纳	会计主管	银行柜员	制单会计	会计主管	记账会计	出纳
工作任务	传递凭证	审核凭证	支付款项	填制凭证	审核凭证	登记账簿	登记账簿
典型凭证记录	托收凭证付款通知联 采购发票	托收凭证付款通知联 采购发票	托收凭证付款通知联	托收凭证付款通知联等 记账凭证	记账凭证	明细账	银行存款日记账

图 2-90　委托收款付款方业务处理流程

【业务指导】

(1) 佳康宝公司出纳人员收到上海万达实业有限公司开具的购货发票(见图 2-91)及托收凭证的银行付款通知联(见图 2-92)。

图 2-91　购货发票

图 2-92　托收凭证银行付款通知联

(2) 会计主管审核有关单据，经审核无误，通知开户银行付款。
审核的主要内容如下。
① 委托收款凭证是否应由本单位受理。
② 凭证内容和所附的有关单证填写是否齐全、正确。
③ 委托收款金额和实际应付金额是否一致，承付期限是否到期。
审核无误后，应于接到通知的当日书面通知银行付款。

(3) 银行付款后，出纳人员将发票及托收凭证付款通知联(见图 2-93)交制单会计编制记账凭证(见图 2-94)。

图 2-93　托收凭证付款通知联(已付款)

付 款 凭 证

出纳编号 _____

贷方科目：**银行存款**　　**2019** 年 **12** 月 **14** 日　　制单编号 **略**

对方单位	摘要	借方科目		金额	记账符号
		总账科目	明细科目	千百十万千百十元角分	
	采购原材料	原材料		5 5 5 8 7 6 1	附凭证 2 张
		应交税费	应交增值税（进项税额）	7 2 2 6 3 9	
	合　　计			¥ 6 2 8 1 4 0 0	

会计主管　　　记账　　　稽核　　　出纳　　　制单 **米乐**

图 2-94　付款凭证

(4) 制单会计将编制的记账凭证交会计主管审核。审核完毕后的记账凭证交记账会计登记原材料及税费明细账，交出纳人员登记银行存款日记账(见图 2-95)。记账会计、出纳分别在记账凭证上签字(签字后的记账凭证略)。

银行存款日记账

2019年		凭证		对方科目	摘要	借方	贷方	借或贷	余额	√
月	日	种类	号数			亿千百十万千百十元角分	亿千百十万千百十元角分		亿千百十万千百十元角分	
12	1				期初余额			借	7 8 8 0 0 0 0 0	
					……					
12	3	银付	略	财务费用	购买结算业务申请书		6 0 0	借		略
12	3	银付	略	原材料等	支付材料费		7 0 2 0 0	借		略
12	3	银付	略	财务费用	支付汇兑手续费		5 5 0	借		略
12	7	银收	略	应收账款	收整机芯销货款	1 0 0 0 0 0 0		借		略
12	10	银收	略	应收账款	收按摩垫销货款	7 9 8 0 8 0 0		借		略
12	14	银付	略	原材料等	采购原材料		6 2 8 1 4 0 0	借		略

图 2-95　银行存款日记账

任务 2.4　托收承付结算业务处理

> 知识链接

1. 托收承付的概念及分类

托收承付是根据购销合同由收款人发货后委托银行向异地付款人收取款项，由付款人向银行承认付款的结算方式。

托收承付结算方式分托收和承付两个阶段。承付方式有两种，即验单承付和验货承付。托收承付结算款项的划回方法分邮寄和电报两种，由收款人选用。

2. 托收承付结算的特点及基本规定

1) 托收承付结算的特点

(1) 托收承付结算仅限收款人向异地付款人收取款项时使用。

(2) 使用托收承付结算方式的收款单位和付款单位，必须是国有企业、供销合作社，以及经营管理较好，并经开户银行审查同意的城乡集体所有制工业企业。

(3) 托收承付业务的使用范围较小，办理托收承付结算的款项必须是商品交易，以及因商品交易而产生的劳务供应的款项。代销、寄销、赊销商品的款项不得办理托收承付结算。收付双方使用托收承付结算必须签有购销合同，并在合同上订明使用托收承付方式结算。

(4) 托收承付的监督较为严格且信用度高。从收款单位提出托收到付款单位承付款项，每一个环节都在银行的严格监督下进行。

(5) 托收承付结算中托收办理与委托收款业务托收办理基本相同，不同的是，托收承付结算业务托收办理必须有商品已发运的证件，即铁路、公路、航运等运输部门签发的运单、运单副本和邮局包裹回执等凭证。

(6) 每笔托收金额的起点为 10 000 元。新华书店系统每笔金额的起点为 1 000 元。

(7) 验单承付的承付期为 3 天；验货承付的承付期为 10 天。

2) 托收承付结算的基本规定

(1) 托收。收款人按照签订的购销合同发货后，委托银行办理托收。

① 收款人应将托收凭证并附发运证件或其他符合托收承付结算的有关证明和交易单证送交银行。收款人如需取回发运证件，银行应在托收凭证上加盖已验发运证件戳记。

② 收款人开户银行接到托收凭证及其附件后，应当按照托收的范围、条件和托收凭证记载的要求认真进行审查，必要时，还应查验收付款人签订的购销合同。凡不符合要求或违反购销合同发货的，不能办理。审查时间最长不得超过次日。

(2) 承付。付款人开户银行收到托收凭证及其附件后，应当及时通知付款人。通知的方法，可以根据具体情况与付款人签订协议，采取付款人来行自取、派人送达、对距离较远的付款人邮寄等。付款人应在承付期内审查核对，安排资金。承付货款分为验单付款和验货付款两种，由收付双方商量选用，并在合同中明确规定。

① 验单付款。验单付款的承付期为 3 天，从付款人开户银行发出承付通知的次日算起

(承付期内遇法定休假日顺延)。付款人在承付期内，未向银行表示拒绝付款，银行即视作承付，并在承付期满的次日(法定休假日顺延)上午银行开始营业时，将款项主动从付款人的账户内付出，按照收款人指定的划款方式，划给收款人。

② 验货付款。验货付款的承付期为 10 天，从运输部门向付款人发出提货通知的次日算起。对收付双方在合同中明确规定，并在托收凭证上注明验货付款期限的，银行从其规定。付款人收到提货通知后，应立即向银行交验提货通知。付款人在银行发出承付通知的次日起 10 天内，未收到提货通知的，应在第 10 天将货物尚未到达的情况通知银行。在第 10 天付款人没有通知银行的，银行即视作已经验货，于 10 天期满的次日上午银行开始营业时，将款项划给收款人；在第 10 天付款人通知银行货物未到，而以后收到提货通知没有及时送交银行，银行仍按 10 天期满的次日作为划款日期，并按超过的天数，计扣逾期付款赔偿金。采用验货付款的，收款人必须在托收凭证上加盖明显的验货付款字样戳记。托收凭证未注明验货付款，经付款人提出合同证明是验货付款的，银行可按验货付款处理。

不论是验单付款还是验货付款，付款人都可以在承付期内提前向银行表示承付，并通知银行提前付款，银行应立即办理划款；因商品的价格、数量或金额变动，付款人应多承付款项的，需在承付期内向银行提出书面通知，银行据以随同当次托收款项划给收款人。付款人不得在承付货款中，扣抵其他款项或以前托收的货款。

(3) 逾期付款。付款人在承付期满日银行营业终了时，如无足够资金支付，其不足部分，即为逾期未付款项，按逾期付款处理。

① 付款人开户银行对付款人逾期支付的款项，应当根据逾期付款金额和逾期天数，按每天万分之五计算逾期付款赔偿金。逾期付款天数从承付期满日算起。

② 赔偿金实行定期扣付，每月计算一次，于次月 3 日内单独划给收款人。赔偿金的扣付列为企业销货收入扣款顺序的首位。付款人账户余额不足全额支付时，应排列在工资之前，并对该账户采取只收不付的控制办法，待一次足额扣付赔偿金后，才准予办理其他款项的支付。因此而产生的经济后果，由付款人自行负责。

③ 付款人开户银行对不执行合同规定、三次拖欠货款的付款人，应当通知收款人开户银行转告收款人，停止对该付款人办理托收。收款人不听劝告，继续对该付款人办理托收，付款人开户银行对发出通知的次日起 1 个月之后收到的托收凭证，可以拒绝受理，注明理由，原件退回。

④ 付款人开户银行对逾期未付的托收凭证,负责进行扣款的期限为 3 个月(从承付期满日算起)。在此期限内，银行必须按照扣款顺序陆续扣款。期满时，付款人仍无足够资金支付该笔尚未付清的欠款，银行应于次日通知付款人将有关交易单证(单证已作账务处理或已部分支付的，可以填制应付款项证明单)在 2 日内退回银行。银行将有关结算凭证连同交易单证或应付款项证明单退回收款人开户银行转交收款人，并将应付的赔偿金划给收款人。对付款人逾期不退回单证的，开户银行应当自发出通知的第 3 天起，按照该笔尚未付清欠款的金额，每天处以万分之五但不低于 50 元的罚款，并暂停付款人向外办理结算业务，直到退回单证时止。

(4) 拒绝付款。对下列情况，付款人在承付期内，可向银行提出全部或部分拒绝付款。

① 没有签订购销合同或购销合同未订明托收承付结算方式的款项。

② 未经双方事先达成协议，收款人提前交货或因逾期交货付款人不再需要该项货物的款项。

③ 未按合同规定的到货地址发货的款项。

④ 代销、寄销、赊销商品的款项。

⑤ 验单付款，发现所列货物的品种、规格、数量、价格与合同规定不符，或货物已到，经查验货物与合同规定或发货清单不符的款项。

⑥ 验货付款，经查验货物与合同规定或与发货清单不符的款项。

⑦ 货款已经支付或计算有错误的款项。

不属于上述情况的，付款人不得向银行提出拒绝付款。

3. 托收承付结算凭证的填制

托收承付结算凭证与委托收款结算凭证相同，填制时要注意以下要求。

(1) 托收承付结算凭证的记载事项。签发托收承付凭证必须记载下列事项。

① 表明托收承付的字样。

② 确定的金额。

③ 付款人名称及账号。

④ 收款人名称及账号。

⑤ 付款人开户银行名称。

⑥ 收款人开户银行名称。

⑦ 托收附寄单证张数或册数。

⑧ 合同名称、号码。

⑨ 委托日期。

⑩ 收款人签章。

托收承付凭证上欠缺记载上列事项之一的，银行不予受理。

(2) 托收承付结算凭证的填制要求。收款单位办理托收承付应填写托收凭证，托收凭证的样式、联次及填写要求与委托收款中的托收凭证相同。

● 典型业务操作

典型工作任务 2.4.1　销售商品委托收款业务

【任务描述】2019 年 12 月 16 日，佳康宝公司销售给广州奥特健身器材有限公司整机芯一批，商品已发出。根据销售单和销售发票确认销货款价税合计 5 104 元，款项尚未收取，合同编号为 20191216，双方约定采用托收承付方式结算。

【业务处理流程】

托收承付收款方业务处理流程如图 2-96 所示。

岗位	出纳	会计主管	总经理	银行柜员	制单会计	会计主管	记账会计	银行柜员	制单会计	会计主管	记账会计	出纳
工作任务	填制单证	审核签章	审核签章	银行办理	填制凭证	审核凭证	登记账簿	收到款项	填制凭证	审核凭证	登记账簿	登记账簿
典型凭证记录	托收凭证	托收凭证	托收凭证	托收凭证	托收凭证、发票等记账凭证	记账凭证	应收账款等明细账	托收凭证收账通知联	托收凭证收账通知联记账凭证	记账凭证	应收账款等明细账	银行存款日记账

图 2-96　托收承付收款方业务处理流程

【业务指导】

(1) 出纳人员根据销售单(见图 2-97)、增值税专用发票(见图 2-98)填写托收凭证(见图 2-99)。

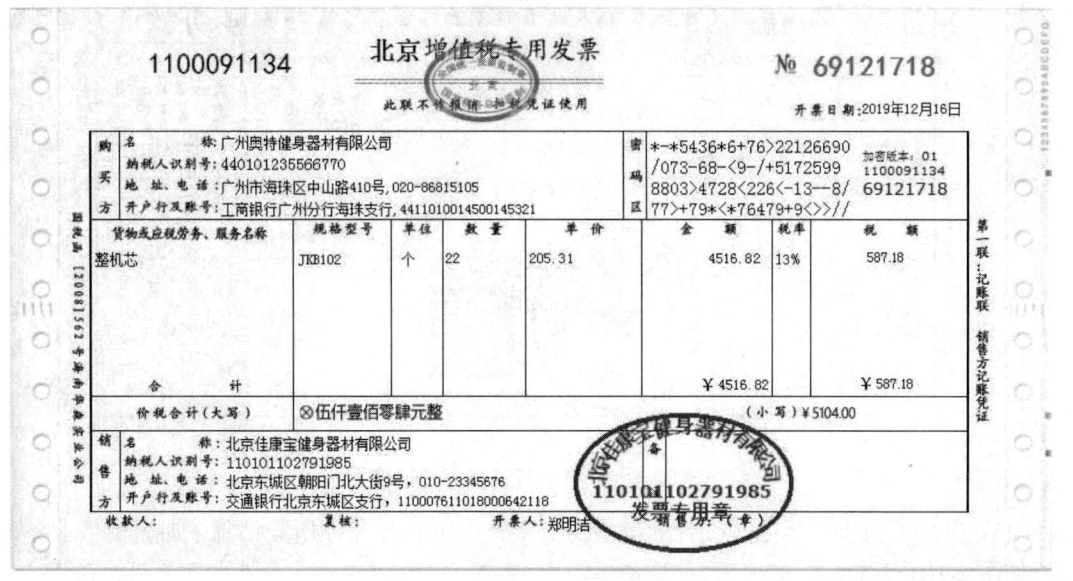

图 2-97　销售单

图 2-98　增值税专用发票

图 2-99 托收凭证

(2) 会计主管、总经理审核委托收款托收凭证,确认无误后在贷方凭证联上分别加盖财务专用章及法人名章(见图 2-100)。

图 2-100 托收凭证贷方凭证联

(3) 出纳人员去银行办理委托收款业务。银行根据托收凭证所载信息,加盖受理业务印章(见图 2-101)。

图 2-101　托收凭证银行受理回单联

(4) 出纳人员将银行受理托收业务的受理回单、销售单及增值税专用发票交制单会计编制记账凭证(见图 2-102)。

图 2-102　记账凭证

(5) 会计主管审核记账凭证,审核完毕后的记账凭证交记账会计登记应收账款等相关明细账。记账会计在记账凭证上签字(签字后的记账凭证略)。

(注:本业务没有银行存款的流入流出,因此出纳不必登记银行存款日记账,记账会计

登记明细账内容在此省略。)

(6) 开户银行收取款项后,出纳将托收凭证收账通知联(见图 2-103)交给制单会计,由制单会计编制记账凭证(见图 2-104)。

图 2-103 托收凭证收账通知联

收 款 凭 证

借方科目:银行存款　　2019年 12月 18日　　制单编号 略

对方单位	摘要	贷方科目		金额	记账凭证号
		总账科目	明细科目	千百十万千百十元角分	
	收整机芯销货款	应收账款	广州奥特	510400	1张
	合　计			¥510400	

会计主管　　　记账　　稽核　　　出纳　　　制单 米乐

图 2-104 收款凭证

(7) 制单会计将编制的记账凭证交会计主管审核。审核完毕后的记账凭证交记账会计登记应收账款明细账,交出纳人员登记银行存款日记账(见图 2-105)。记账会计、出纳分别在记账凭证上签字(签字后的记账凭证略)。

银行存款日记账

2019年		凭证		对方科目	摘要	借方 (亿千百十万千百十元角分)	贷方 (亿千百十万千百十元角分)	借或贷	余额 (亿千百十万千百十元角分)	√
月	日	种类	号数							
12	1				期初余额			借	7 8 8 0 0 0 0 0	
					……					
12	3	银付	略	财务费用	购买结算业务申请书		6 0 0	借	略	
12	3	银付	略	原材料等	支付材料费		7 0 2 0 0	借	略	
12	3	银付	略	财务费用	支付汇兑手续费		5 5 0	借	略	
					……					
12	7	银收	略	应收账款	收整机芯销货款	1 0 0 0 0 0 0		借	略	
					……					
12	10	银收	略	应收账款	收按摩垫销货款	7 9 8 0 8 0 0		借	略	
					……					
12	14	银付	略	原材料等	采购原材料		6 2 8 1 4 0 0	借	略	
					……					
12	18	银收	略	应收账款	收整机芯销货款	5 1 0 4 0 0		借	略	

图 2-105　银行存款日记账

典型工作任务 2.4.2　采购商品支付货款业务

【任务描述】 2019 年 12 月 4 日，佳康宝公司采用托收承付结算方式(合同规定采用验货付款)向上海万达实业有限公司采购布套提手一批，价税合计 8 004 元。商品已发出，收到材料及运费的增值税专用发票，材料尚未到达，货款未支付。

【业务处理流程】

托收承付付款方业务处理流程如图 2-106 所示。

岗位	银行柜员	会计主管	银行柜员	制单会计	会计主管	记账会计	出纳
工作任务	询问企业是否付款	审核凭证	支付款项	填制凭证	审核凭证	登记账簿	登记账簿
典型凭证记录	托收凭证付款通知联、采购发票、运费发票	托收凭证付款通知联、采购发票、运费发票	托收凭证付款通知联	托收凭证付款通知联等、记账凭证	记账凭证	明细账	银行存款日记账

图 2-106　托收承付付款方业务处理流程

【业务指导】

(1) 12 月 5 日，开户银行收到托收凭证，向佳康宝公司询问是否支付款项。业务原始凭证有增值税专用发票(见图 2-107)、运费发票(见图 2-108)、托收凭证付款通知联(见图 2-109)。

图 2-107　增值税专用发票

图 2-108　运费发票

图 2-109 托收凭证付款通知联

(2) 制单会计根据收到的有关原始凭证编制记账凭证(见图 2-110)。

记 账 凭 证

转 字第XX号

2019 年 12 月 5 日

摘 要	总账科目	明细科目	借方金额	贷方金额	√
采购布套提手	在途物资	布套提手	7 3 6 4 7 5		
	应交税费	应交增值税(进项税额)	9 4 6 1 5		
	应付账款	上海万达		8 3 1 0 9 0	
	合 计		¥8 3 1 0 9 0	¥8 3 1 0 9 0	

会计主管：　　　　记账：　　　　复核：　　　　出纳：　　　　制单：米乐

图 2-110 记账凭证

(3) 会计主管审核记账凭证，审核完毕后的记账凭证交记账会计登记应收账款等相关明细账。记账会计在记账凭证上签字(签字后的记账凭证略)。

(注：本业务没有银行存款的流入流出，因此出纳不必登记银行存款日记账，记账会计登记明细账内容在此省略。)

(4) 12月8日,采购的布套到达企业并办理验收入库,通知开户银行支付款项。开户银行支付款项后,出纳人员将托收凭证付款通知联(见图 2-111)交制单会计,由制单会计编制记账凭证(见图 2-112)。

图 2-111　托收凭证付款通知联

付 款 凭 证

贷方科目:**银行存款**　　2019 年 12 月 08 日　　　制单编号 **略**

对方单位	摘要	借方科目		金额	记账符号
		总账科目	明细科目	千百十万千百十元角分	
	支付材料费	应付账款	上海万达	8 3 1 0 9 0	
	合　计			¥ 8 3 1 0 9 0	

会计主管　　　记账　　　稽核　　　出纳　　　制单 **米乐**

图 2-112　付款凭证

(5) 制单会计将编制的记账凭证交会计主管审核。审核完毕后的记账凭证交记账会计登记应付账款明细账,交出纳人员登记银行存款日记账(见图 2-113)。记账会计、出纳分别在记账凭证上签字(签字后的记账凭证略)。

银行存款日记账

2019年		凭证		对方科目	摘要	借方									贷方									借或贷	余额									√
月	日	种类	号数			亿	千	百	十	万	千	百	十	元	角	分	亿	千	百	十	万	千	百	十	元	角	分		亿	千	百	十	万	千	百	十	元	角	分	
12	1				期初余额																							借				7	8	8	0	0	0	0	0	
					……																																			
12	3	银付	略	财务费用	购买结算业务申请书																				6	0	0	借									略			
12	3	银付	略	原材料等	支付材料费																	7	0	2	0	0	借									略			
12	3	银付	略	财务费用	支付汇兑手续费																			5	5	0	借									略			
					……																																			
12	7	银收	略	应收账款	收整机芯销货款					1	0	0	0	0	0	0												借									略			
					……																																			
12	8	银付	略	应付账款	支付材料费																	8	3	1	0	9	0	借									略			

图 2-113 银行存款日记账

典型工作任务 2.4.3 采购业务拒绝支付货款

【任务描述】 承接典型工作任务 2.4.2 任务背景资料。2019 年 12 月 4 日，采用托收承付结算方式(合同规定采用验货付款)向上海万达实业有限公司采购材料一批，商品已发出，收到材料及运费的增值税专用发票，材料尚未到达，货款未支付。12 月 5 日，开户银行收到托收凭证，向佳康宝公司询问是否支付款项。12 月 8 日，材料运达，佳康宝公司因产品不符合合同规定拒绝支付。

【业务处理流程】

托收承付拒付业务处理流程如图 2-114 所示。

图 2-114 托收承付拒付业务处理流程

【业务指导】

(1) 12 月 8 日，采购的布套到达企业，在验收入库时，发现产品质量未达到合同要求，拒付货款。出纳人员填写拒绝付款理由书(见图 2-115)。

图 2-115 拒绝付款理由书

操作提示：

付款人在承付期内，向银行提出全部或部分拒绝付款时需填写拒绝付款理由书。拒绝付款理由书一式四联，第一联作为付款单位的付款通知，第二联作为银行付出传票或存查，第三联作为银行收入传票或存查，第四联作为收款单位收账通知或全部拒付通知书。

拒绝付款理由书填写的项目如下。

① 拒付日期，即填写拒付当日的日期。

② 原托收号码，即托收凭证的号码。

③ 收款人、付款人的全称、账号和开户银行，按照托收凭证填写。

④ 托收金额，按照托收凭证上的金额填写。

⑤ 拒付金额，即填写拒付的金额数。

⑥ 部分付款金额，若为部分拒付，则填写剩余的应付款金额，分别填写大、小写金额；若为全部拒付则不填写。

⑦ 附寄单证，即填写拒绝付款理由书退回银行的托收单证张数。

⑧ 拒付理由，即填写拒绝付款的理由。

⑨ 付款人签章，即加盖付款单位的财务印鉴及法人名章。

(2) 会计主管、总经理审核委托收款托收凭证，确认无误后在拒绝付款理由书上分别加盖财务专用章及法人名章(见图 2-116)。

图 2-116　拒绝付款理由书(已审核)

(3) 出纳人员去开户银行办理拒付业务。银行审查拒付理由后,同意拒付,在拒付理由书上签署意见,将第二联(银行付出传票)、第三联(银行收入传票)留下,将第一联(回单或付款通知)(见图 2-117)交还付款人,第四联(收账通知或全部拒付通知书)及有关单证寄交收款人开户银行(见图 2-118)。

图 2-117　银行返还拒绝付款理由书第一联

图 2-118　拒绝付款理由书第四联

操作提示：

付款人拒绝付款时，开户银行必须认真审查拒绝付款理由，查验合同。对于付款人提出拒绝付款的手续不全、依据不足、理由不符合规定的，以及超过承付期拒付和应当部分拒付但全部拒付的，银行均不得受理，应实行强制扣款。银行同意部分或全部拒绝付款的，应在拒绝付款理由书上签注意见。部分拒付，除办理部分付款外，还应将拒绝付款理由书连同拒付证明和拒付商品清单邮寄收款人开户银行转交收款人。全部拒付，应将拒绝付款理由书连同拒付证明和有关单据邮寄收款人开户银行转交收款人。

同 步 练 习

一、单项选择题

1. 存款人的营业执照注册地与经营地不在同一行政区域(跨省、市、县)的，可以根据需要在异地开立( )。

　　A. 一般存款账户　　B. 基本存款账户　　C. 专用存款账户　　D. 临时存款账户

2. 除特殊规定外，存款人开立单位银行结算账户，自开立之日起( )个工作日后，方可使用该账户办理付款业务。

　　A. 3　　　　　　　B. 5　　　　　　　C. 10　　　　　　　D. 15

3. 银行对一年未发生收付活动且未欠开户银行债务的单位银行结算账户，应通知存款人自发出通知( )日内到开户银行办理销户手续。

　　A. 15　　　　　　　B. 20　　　　　　　C. 30　　　　　　　D. 60

4. 存款人开立的银行结算账户需要核准的，应及时报送( )核准。

A. 中国人民银行　　　　　　　　B. 中国人民银行当地分支行
C. 当地财政局　　　　　　　　　D. 当地税务局

5. 下列对基本存款账户与临时存款账户在管理上的区别的表述中，正确的是(　　)。
A. 基本存款账户能支取现金而临时存款账户不能支取现金
B. 基本存款账户不能向银行借款而临时存款账户可以向银行借款
C. 基本存款账户没有数量限制而临时存款账户受数量限制
D. 基本存款账户没有时间限制而临时存款账户实行有效期管理

6. 在同城范围内，收款单位收取公用事业费或根据国家规定，常使用(　　)进行收款。
A. 支票　　　B. 汇兑　　　C. 委托收款　　　D. 托收承付

7. 托收承付中验单承付的承付期为(　　)。
A. 3 天　　　B. 5 天　　　C. 10 天　　　D. 1 个月

8. 下列各项中，属于根据购销合同由收款人发货后委托银行向异地付款人收取款项，由付款人向银行承认付款的结算方式是(　　)。
A. 汇兑　　　B. 信用证　　　C. 委托收款　　　D. 托收承付

9. 可以使用托收承付收款的业务是(　　)。
A. 寄销业务　　　B. 赊销业务　　　C. 现销业务　　　D. 代销业务

10. 存款人日常经营活动发生的资金收付以及工资、奖金的支付，都应该通过(　　)办理。
A. 银行结算账户　　　　　　　B. 基本存款账户
C. 一般存款账户　　　　　　　D. 专用存款账户

二、多项选择题

1. 单位银行结算账户按用途不同可分为(　　)。
A. 基本存款账户　B. 一般存款账户　C. 专用存款账户　D. 临时存款账户

2. 基本存款账户允许变更的事项包括(　　)。
A. 存款人名称的变更　　　　　B. 地址的变更
C. 账户性质的变更　　　　　　D. 注册资金的变更

3. 下列存款人中，可以申请开立基本存款账户的有(　　)。
A. 非法人企业　　　　　　　　B. 单位设立的独立核算的附属机构
C. 异地常设机构　　　　　　　D. 民办非企业组织

4. 一般存款账户的使用范围包括办理存款人(　　)。
A. 现金缴存　　　B. 现金支取　　　C. 借款转存　　　D. 借款归还

5. 签发汇兑凭证时，必须记载的事项有(　　)。
A. 收款人名称　　　　　　　　B. 无条件支付的委托
C. 确定的金额　　　　　　　　D. 委托日期

6. 办理汇兑业务需要缴纳(　　)。
A. 工本费　　　B. 邮电费　　　C. 手续费　　　D. 加急邮电费

7. 电汇结算的优点包括(　　)。
A. 款项直接到账　　　　　　　B. 付款单位费用较低
C. 款项到账速度快　　　　　　D. 可多留存款余额

8. 委托收款结算的优点包括( )。
   A. 使用地域广   B. 费用低   C. 到账速度快   D. 收款业务无限制
9. 使用托收承付结算方式的收款方和付款方，必须是( )。
   A. 国有企业   B. 供销合作社
   C. 集体所有制工业企业   D. 私营企业
10. 托收承付结算方式的缺点包括( )。
    A. 仅限异地使用
    B. 对收付款企业性质有限制
    C. 对使用托收承付的款项有业务限制
    D. 信誉度低

三、判断题

1. 为了便于结算，一个单位可以同时在几家金融机构开立银行基本存款账户。( )
2. 银行应建立存款人预留印鉴卡片，并留存归档。( )
3. 存款人尚未清偿其开户银行债务的，不得申请撤销该账户。( )
4. 存款人为注册资金验资而开设的临时存款账户，在验资期间只收不付。( )
5. 汇兑结算方式仅适用于单位之间的款项划拨。( )
6. 汇兑按照划转款项方法及传递方式的不同，可划分为信汇和电汇。( )
7. 汇兑结算方式只适用于同城结算。( )
8. 委托收款不受金额起点的限制，收款单位发生的各种应收款项只要持有债务证明，均可委托银行进行收款。( )
9. 委托收款结算方式的付款期为10天。( )
10. 托收承付结算方式的金额起点是10 000元，新华书店是1 000元。( )

四、案例分析题

2017年1月，优康公司财务人员持有关证件到建设银行营业部办理基本存款账户的开立手续，建设银行工作人员审查了其开户的证明文件，并留存了相关证件的复印件，为其办理了基本存款账户的开户手续。同日，该财务人员持以上证件和工商银行的贷款合同到工商银行开立了一个一般存款账户。2017年2月，优康公司通过在工商银行的一般存款账户发放了职工工资40万元，并支取现金2万元。2018年5月，因股东增加投资设立临时机构，需聘请会计师事务所进行验资。

请问：

(1) 申请基本存款账户应提交哪些资料？
(2) 工商银行为优康公司开立一般存款账户的做法是否合规？
(3) 优康公司通过一般存款账户发放工资、提取现金的做法是否合规？
(4) 因验资需要优康公司可以开设何种类型的银行结算账户？使用中有什么要求？

项目三 票据结算业务

【技能目标】

- 能正确填写空白凭证领用单。
- 能正确填写转账支票。
- 能按规定流程和方法进行支票业务办理。
- 能正确进行票据的背书转让。
- 能正确进行支票退票或遗失的处理。
- 能正确填写业务委托书。
- 能正确填写银行汇票。
- 能按规定流程和方法进行银行汇票的业务办理。
- 能正确填写银行本票。
- 能按规定流程和方法进行银行本票的业务办理。
- 能正确填写商业承兑汇票和银行承兑汇票。
- 能按规定流程和方法进行商业承兑汇票的业务办理。
- 能按规定流程和方法进行银行承兑汇票的业务办理。
- 能正确处理商业汇票贴现的业务。

【知识目标】

- 掌握转账支票结算业务的特点及相关规定。
- 掌握转账支票的填制要求。
- 掌握转账支票收付款业务的处理程序。
- 掌握银行汇票结算业务的特点及相关规定。
- 掌握银行汇票的填制要求。
- 掌握银行汇票收付款业务的处理程序。
- 掌握银行本票结算业务的特点及相关规定。
- 掌握银行本票的填制要求。
- 掌握银行本票收付款业务的处理程序。
- 掌握商业汇票结算业务的特点及相关规定。
- 掌握商业承兑汇票及银行承兑汇票的填制要求。
- 掌握商业承兑汇票收付款业务的处理程序。
- 掌握银行承兑汇票收付款业务的处理程序。
- 掌握票据背书转让的相关要求。
- 掌握商业票据贴现的相关要求。

任务导入

佳康宝公司2019年12月发生以下经济业务。

(1) 2019年12月2日,佳康宝公司申请一张35 000元的银行汇票,用于向广东鸿荣机械有限公司异地采购材料。

(2) 2019年12月2日,佳康宝公司收到上海光明贸易有限公司签发的金额为20 000元的银行汇票。

(3) 2019年12月3日,佳康宝公司申请签发金额为5 000元的银行本票,交北京天诚健身器材有限公司支付前欠的材料采购款。

(4) 2019年12月3日,佳康宝公司收到北京天恒贸易有限公司签发的金额为1 000 000元的银行本票,用于支付前欠的货款985 000元。出纳开出转账支票一张,金额为15 000元,用于退还本票多收款项。

(5) 2019年12月1日,佳康宝公司从北京川宏机电有限公司购入一批电源线组件,价税合计800 000元。双方在合同中约定以银行承兑汇票进行结算。2019年12月3日,佳康宝公司向银行申请3个月期、金额为800 000元的银行承兑汇票,用以支付该笔货款。

(6) 2019年12月7日,转账支票用完,佳康宝公司委派出纳人员范青青去银行购买1本(每本25元),并据此登记相关账簿。

(7) 2019 年 12 月 7 日，佳康宝公司业务员到广州鸿荣机械有限公司采购原材料，业务员以 35 000 元的银行汇票支付材料款 29 858.4 元。

(8) 2019 年 12 月 8 日，佳康宝公司收到业务员交来的北京永康健身器材有限公司转账支票一张，面值 230 000 元，系偿还前欠的货款，办理款项进账并据此登记相关账簿。

(9) 2019 年 12 月 8 日，佳康宝公司向广州鸿荣机械有限公司采购原材料，收到对方开具的增值税专用发票，材料已验收入库。双方协商以期限为 2 个月、面值为 10 672 元的商业承兑汇票结算货款。

(10) 2019 年 12 月 10 日，佳康宝公司用转账支票支付销售部用于宣传产品的广告费 2 600 元，据此编制记账凭证并登记相关账簿。

(11) 2019 年 12 月 10 日，佳康宝公司收到银行通知，12 月 8 日收到的北京永康健身器材有限公司签发的转账支票发生退票。

(12) 2019 年 12 月 10 日，佳康宝公司收到开户银行通知，收回银行汇票多余款项 5 141.6 元。

(13) 2019 年 12 月 10 日，佳康宝公司向上海富康按摩椅有限公司销售一批整机芯，销售价款 13 015.2 元，开具了增值税专用发票，商品已发出。双方协商以商业承兑汇票结算货款，收到对方开具的 2 个月到期的商业承兑汇票。

(14) 2019 年 12 月 11 日，佳康宝公司收到北京天健健身器材有限公司签发的转账支票 500 000 元，用于支付货款。当天，佳康宝公司将该支票背书转让给北京天和贸易有限公司，偿还上月购买原材料的货款。

(15) 2019 年 12 月 10 日，佳康宝公司收到的面值 300 000 元的银行承兑汇票到期。该汇票为北京天健健身器材有限公司于 2019 年 8 月 10 日出具，期限为 4 个月。12 月 11 日，佳康宝公司将该银行承兑汇票委托银行办理收款。

(16) 2019 年 12 月 14 日，佳康宝公司因经营需要将到期日为 2019 年 1 月 15 日、3 个月期限的银行承兑汇票到银行贴现，年贴现率为 4.8%。

(17) 2019 年 12 月 15 日，佳康宝公司不慎将签发的一张面额为 20 000 元的现金支票遗失。作为该公司的出纳，应如何处理这些业务呢？

任务 3.1　支票结算业务

知识链接

1. 支票结算的特点

支票是出票人签发的，委托办理支票存款业务的银行在见票时无条件支付确定的金额给收款人或者持票人的票据。支票分为现金支票、转账支票、普通支票三种。现金支票只能用于支取现金，它可以由存款人签发用于到银行为本单位提取现金，也可以签发给其他单位和个人用来办理结算或者委托银行代为支付现金给收款人；转账支票只能用于转账，它适用于存款人给收款单位划转款项，以办理商品交易、劳务供应、清偿债务和其他往来款项结算；普通支票可以用于支取现金，也可以用于转账。但在普通支票左上角划两条平行线的,为划线支票,只能用于转账,不能支取现金。

支票结算的特点概括起来说就是简便、灵活、迅速和可靠。所谓简便,是指使用支票办理结算手续简便,只要付款人在银行有足够的存款,它就可以签发支票给收款人,银行凭支票就可以办理款项的划拨或现金的支付。所谓灵活,是指按照规定,支票可以由付款人向收款人签发以直接办理结算,也可以由付款人出票委托银行主动付款给收款人,另外转账支票在指定的城市中还可以背书转让。所谓迅速,是指使用支票办理结算,收款人将转账支票和进账单送交银行,一般当天或次日即可入账,而使用现金支票当时即可取得现金。所谓可靠,是指银行严禁签发空头支票,各单位必须在银行存款余额内才能签发支票,因而收款人凭支票就能取得款项,一般是不存在得不到正常支付的情况的。

2. 支票使用的基本规定

(1) 开立支票存款账户,申请人必须使用其本名,并提交证明其身份的合法证件;申请人应当预留其本人的签名式样和印鉴;开立支票存款账户和领用支票,应当有可靠的资信,并存入一定的资金。

(2) 转账支票可以背书转让,但用于支取现金的支票不得背书转让。票据出票人在票据正面记载不得转让字样的,支票不得转让。

(3) 支票限于见票即付,不得另行记载付款日期。另行记载付款日期的,该记载无效。

(4) 支票提示付款期为 10 天(从签发支票的当日起,日期首尾算一天。到期日遇法定节假日顺延)。异地使用的支票,其提示付款的期限由中国人民银行另行规定。超过提示付款期限的,付款人可以不予付款;付款人不予付款的,出票人仍应当对持票人承担票据责任。

(5) 支票签发的日期、大小写金额和收款人名称不得更改,其他内容有误,可以划线更正,并加盖预留银行印鉴之一证明。

(6) 支票发生遗失,可以向付款银行申请挂失止付;挂失前已经支付,银行不予受理。

(7) 出票人签发空头支票(出票人签发的支票金额超过其付款时在付款人处实有的存款金额的,为空头支票),印章与银行预留印鉴不符的支票,使用支付密码地区、支付密码错误的支票,银行除将支票作退票处理外,还要按票面金额处以 5%,但不低于 1 000 元的罚款。持票人有权要求出票人赔偿支票金额 2%的赔偿金。对于屡次签发的,银行应停止其签发支票的权利。

(8) 同城票据交换地区内的单位和个人之间的一切款项结算,均可使用支票。自 2007 年 6 月 25 日起支票实现了全国通用,异城之间也可使用支票进行支付结算。

3. 支票的填制

(1) 支票的记载事项。

支票记载事项包括绝对记载事项、相对记载事项和非法定记载事项。

绝对记载事项是指《票据法》规定必填的记载事项,如欠缺某一项记载事项则该票据无效。其包括:①表明"支票"字样;②无条件支付委托;③确定的金额;④付款人名称;⑤出票日期;⑥出票人签章。支票的金额、收款人名称两项,绝对记载事项可以通过出票人以授权补记的方式记载,注意未补记前不得使用。

相对记载事项是指《票据法》规定应当记载而没有记载,如未记载可以通过法律规定进行推定而不会导致票据无效。其包括：①付款地(如果支票上未记载付款地的，则付款地为付款人的营业场所)；②出票地(支票上未记载出票地的，则出票人的营业场所、住所、经常居住地为出票地)。

非法定记载事项，包括：①支票的用途；②合同编号；③约定的违约金；④管辖法院等。非法定记载事项并不发生支票上的效力。

(2) 支票的填制要求。

支票正面不能有涂改痕迹，否则本支票作废。收票人如果发现支票填写不全，可以补记，但不能涂改。

转账支票正面如图 2-119 所示。

图 2-119　转账支票正面

① 填写出票日期。出票日期必须使用中文大写，不得更改。
② 填写付款行名称和出票人账号，即出票人的开户银行名称及存款账户的账号。
③ 填写收款人全称，不得更改。
④ 填写人民币大写金额，不得更改。大写金额数字应紧接"人民币"字样填写，不得留有空白。
⑤ 填写小写金额，不得更改。大小写金额必须一致，小写金额前面加人民币符号"￥"。
⑥ 填写款项的用途。
⑦ 出票人签章，即出票人预留银行的签章。
⑧ 需要使用支付密码时，填写支付密码。
⑨ 存根联的出票日期，与正联一致，用小写。
⑩ 存根联的收款人，与正联一致，可简写。
⑪ 存根联的金额，与正联一致，用小写。
⑫ 存根联的用途，与正联一致。
⑬ 需要时填写附加信息，如预算单位办理支付结算业务填写附加信息代码，与背面一致。
⑭ 单位主管审批签章。
⑮ 会计人员签章。

转账支票背面如图 2-120 所示。

图 2-120 转账支票背面

① 支票背书转让时，需填写被背书人的全称。

② 非转让背书时需填写相关字样表明背书的类型，如委托收款等。支票背书转让时，背面加盖预留银行的签章。

③ 支票背书转让时，记载背书日期，可用小写。未记载日期的，视为在票据到期日前背书。

④ 填写附加信息，如预算单位办理支付结算业务填写附加信息代码。本栏为非必要记载事项。

⑤ 票据凭证不能满足背书人记载事项的需要，可以加附粘单，黏附于票据凭证上。粘单上的第一记载人应当在汇票和粘单的粘接处签章。

◉ 典型业务操作

典型工作任务 3.1.1　支票的领购

【任务描述】2019 年 12 月 7 日，转账支票用完，佳康宝公司委派出纳人员范青青去银行购买 1 本(每本 25 元)，并据此登记相关账簿。

【业务处理流程】

购买空白凭证的业务处理流程如图 2-121 所示。

岗位	出纳	会计主管	总经理	银行柜员	制单会计	会计主管	记账会计	出纳
工作任务	填制凭证	审核凭证	审核凭证	银行办理	填制凭证	审核凭证	登记账簿	登记账簿
典型凭证记录	空白凭证领用单	空白凭证领用单	空白凭证领用单	空白凭证领用单	记账凭证	记账凭证	明细账	银行存款日记账

图 2-121　购买空白凭证业务处理流程

【业务指导】

(1) 出纳人员填写空白凭证领用单(见图 2-122)。

图 2-122　空白凭证领用单

操作提示：

不同银行的空白凭证领用单样式略有差别，但需填写的项目及注意事项基本相同。填写项目一般包括购买凭证的时间、领用单位名称及账号、购买凭证的名称、购买数量、单价及金额、汇总购买各项凭证所需费用合计金额的大写及小写、领购人姓名等，还需加盖财务印鉴。空白凭证领用单可能只有一联或采取多联式，本任务中空白凭证领用单共四联，第一联为转账付出传票，第二联为转账收入传票，第三联为表外科目付出传票，第四联为缴费收据。

(2) 出纳人员将填好的空白凭证领用单交会计主管和总经理进行审核。空白凭证领用单经会计主管审核完毕，加盖财务专用章；经总经理审核完毕，加盖法人名章(见图 2-123)。

图 2-123　空白凭证领用单

(3) 出纳人员凭空白凭证领用单到银行购入转账支票，银行办理完毕将空白凭证领用单的缴费收据联(见图2-124)返回给领购单位。

图2-124　空白凭证领用单缴费收据联

(4) 出纳人员将取回的空白凭证领用单的缴费收据联交制单会计，由制单会计据其填制记账凭证(见图2-125)。

图2-125　付款凭证

(5) 制单会计将完成的记账凭证交会计主管进行审核。审核完毕后的记账凭证交记账会计登记财务费用明细账，交出纳人员登记银行存款日记账(见图2-126)。记账会计、出纳分别在记账凭证上签字(签字后的记账凭证略)。出纳人员登记支票领、用、存登记簿(见表2-2)。

银行存款日记账

2019年		凭证		对方科目	摘要	借方 (亿千百十万千百十元角分)	贷方 (亿千百十万千百十元角分)	借或贷	余额 (亿千百十万千百十元角分)	✓
月	日	种类	号数							
12	1				期初余额			借	7 8 8 0 0 0 0 0	
12	1	银付	1	库存现金	提取备用金		5 0 0 0 0 0 0	借	7 3 8 0 0 0 0 0	
					略					
12	7	银付	略	财务费用	购买转账支票		2 5 0 0	借	略	
					……					

图 2-126 银行存款日记账

表 2-2 支票领、用、存登记簿

2019年		摘要	支票种类	购入		使用				结存数量	使用部门	领用人签字
月	日			数量	支票起止号码	数量	支票号码	用途	收款人	金额			
12	01		现金支票			1	67930022	备用金	佳康宝健身器材有限公司	50000.00			
			……										
12	07		转账支票	25	23097101-23097125						25		

典型工作任务 3.1.2 转账支票付款

【任务描述】 2019 年 12 月 10 日，佳康宝公司用转账支票支付销售部用于宣传产品的广告费 2 600 元，据此编制记账凭证并登记相关账簿。

【业务处理流程】

支票付款业务处理流程如图 2-127 所示。

岗位	出纳	会计主管	总经理	出纳	制单会计	会计主管	记账会计	出纳
工作任务	填制单证	审核凭证	审核凭证	支付款项	填制凭证	审核凭证	登记账簿	登记账簿
典型凭证记录	转账支票 支票领用登记簿	转账支票	转账支票	转账支票正联	转账支票存根联 记账凭证	记账凭证	明细账	银行存款日记账

图 2-127 支票付款业务处理流程

【业务指导】

(1) 出纳人员根据销售部交来的广告费发票(见图 2-128)及经批准的付款申请书

(见图2-129),签发转账支票(见图2-130)并登记支票领、用、存登记簿(见表2-3)。

图2-128 广告费发票

图2-129 付款申请书

图2-130 转账支票

表 2-3 支票领、用、存登记簿

2019年		摘要	支票种类	购入		使用				结存数量	使用部门	领用人签字
月	日			数量	支票起止号码	数量	支票号码	用途	收款人	金额			
12	01		现金支票			1	67930022	备用金	佳康宝健身器材有限公司	50000.00			
		……											
12	07		转账支票	25	23097101-23097125						25		
12	10		转账支票				23097103	广告费	北京未来广告有限公司	2600.00			

操作提示：

票据的出票日期必须使用中文大写，使用小写填写的，银行不予受理。大写日期未按要求规范填写的，银行可予受理，但由此造成损失的，由出票人自行承担。

为防止变造票据的出票日期，在填写月和日时，月为壹、贰和壹拾的，应在其前加"零"，日为壹至玖和壹拾、贰拾和叁拾的，应在其前加"零"，日为拾壹至拾玖的，应在其前加"壹"。

票据和结算凭证金额以中文大写和阿拉伯数字同时记载，二者必须一致，否则银行不予受理。

(2) 会计主管、总经理审核付款申请书及转账支票，确认无误后在转账支票上分别加盖财务专用章及法人代表名章(见图 2-131)。

图 2-131 转账支票

(3) 将转账支票正联(见图 2-132)交北京未来广告有限公司支付广告费。

图 2-132 转账支票正联

操作提示：

本任务中付款单位签发转账支票向收款单位支付款项，收款单位收到转账支票后，委托收款单位开户银行进行收款。转账支票的这种处理流程称为支票正存。

如果付款单位签发转账支票后，直接委托付款单位开户银行付款。转账支票的这种处理流程称为支票倒存。

支票正存时银行存款的出账时间取决于收款单位委托其开户银行收款的时间，可能为付款单位多留几天存款的时点余额。正存时付款单位不需要填写进账单，只需将转账支票交收款单位即可，手续更为简便。

支票倒存属于付款单位主动委托其开户银行付款的支付方式，出账及时，但无法为付款单位多留存款的时点余额。付款单位办理倒存时，需向银行提交转账支票和进账单，委托银行付款。

(4) 制单会计依据付款申请书、广告费发票及转账支票存根(见图 2-133)编制记账凭证(见图 2-134)。

图 2-133 转账支票存根

图 2-134 付款凭证

(5) 会计主管审核记账凭证。审核完毕后的记账凭证交记账会计登记销售费用明细账，交出纳人员登记银行存款日记账(见图 2-135)。记账会计、出纳分别在记账凭证上签字(签字后的记账凭证略)。

银行存款日记账

2019年		凭证		对方科目	摘要	借方	贷方	借或贷	余额	√
月	日	种类	号数			亿千百十万千百十元角分	亿千百十万千百十元角分		亿千百十万千百十元角分	
12	1				期初余额			借	7 8 8 0 0 0 0 0	
12	1	银付	1	库存现金	提取备用金		5 0 0 0 0 0 0	借	7 3 8 0 0 0 0 0	
					……					
12	7	银付	略	财务费用	购买转账支票		2 5 0 0	借	略	
					……					
12	10	银付	略	销售费用	支付广告费		2 6 0 0 0 0	借	略	

图 2-135 银行存款日记账

典型工作任务 3.1.3 转账支票收款

【任务描述】2019 年 12 月 8 日，佳康宝公司收到业务员交来的北京永康健身器材有限公司转账支票一张，面值 230 000 元，系偿还前欠的货款，办理款项进账并据此登记相关账簿。

【业务处理流程】

支票收款业务处理流程如图 2-136 所示。

图 2-136　支票收款业务处理流程

【业务指导】

（1）出纳人员收到转账支票，审核以下内容：支票记载事项是否齐全；支票要素是否填写规范，如出票日期是否大写，大小写金额填写是否正确，两者是否相符；票面有无污损和涂改；是否加盖签发单位银行预留印鉴；支票收款单位是否为本单位等（见图 2-137）。

图 2-137　转账支票

审核无误后，出纳在支票背面作委托收款背书，委托本单位开户银行收款。在支票背面记载"委托收款"字样并填写背书日期，在被背书人栏记载开户银行名称（见图 2-138）。

图 2-138　转账支票背面

操作提示：

背书是指持票人以转让汇票权利或授予他人一定的汇票权利为目的，在票据背面或粘单上记载有关事项并签章的票据行为。

持票人委托银行收款或以票据质押的，要进行委托收款背书或质押背书，由背书人在票据背面签章、记载被背书人名称和背书日期，还应在背书人栏记载委托收款或质押字样。

委托收款背书并不导致票据权利的转移，背书人仍是票据权利人，被背书人只是代理人，包括行使付款请求权、追索权以及收取款项的代理权。

(2) 会计主管、总经理审核转账支票，确认无误后在转账支票背面分别加盖财务专用章及法人代表名章(见图2-139)。

图2-139 转账支票背面

操作提示：

出票单位现金支票背面有印章盖模糊了，可把模糊印章打叉，重新再盖一次，但不能超过三个印章。

收款单位转账支票背面印章盖模糊了(此时《票据法》规定是不能以重新盖章方法来补救的)，收款单位可带转账支票及银行进账单到出票单位的开户银行去办理收款手续(不收取手续费)，俗称"倒打"，这样就用不着到出票单位重新开支票了。

(3) 出纳人员根据转账支票填写进账单(见图2-140)。

图 2-140　进账单

操作提示：

进账单是持票人或收款人将票据款项存入其开户银行账户的凭证，也是开户银行将票据款项记入持票人或收款人账户的凭证。

持票人填写银行进账单时，必须清楚地填写票据种类、票据张数、收款人名称、收款人开户银行及账号、付款人名称、付款人开户银行及账号、票据金额等栏目，并连同相关票据一并交给银行经办人员。把支票存入银行后，支票就留在银行了，银行给企业出具进账单，企业凭进账单来记账，说明支票上的款项已划到企业的银行存款账号。

进账单一式三联，第一联加盖业务公章退持票人作为银行受理回单；第二联加盖转讫章，由收款人开户银行作贷方凭证；第三联是收款人开户银行交给收款人的收账通知，加盖转讫章，由持票人作为记账依据。

(4) 出纳人员持转账支票及进账单到银行办理存款入账，银行在进账单第一联和第三联加盖印鉴后返还给持票人。第一联是表明同意接受委托向付款人收取款项回单，第三联作收账通知(见图 2-141)。

图 2-141　进账单收账通知联

(5) 出纳人员将进账单收账通知联交制单会计制作记账凭证(见图 2-142)。

收款凭证

借方科目：银行存款　　　2019 年 12 月 8 日　　　出纳编号：
制单编号：略

对方单位	摘要	贷方科目		金额（千百十万千百十元角分）	记账符号
		总账科目	明细科目		
	收取货款	应收账款	北京永康	￥230000 00	
	合　计			￥230000 00	

附凭证 1 张

会计主管　　　记账　　　稽核　　　出纳　　　制单 米乐

图 2-142　收款凭证

(6) 会计主管审核记账凭证。审核完毕后的记账凭证交记账会计登记应收账款明细账，交出纳人员登记银行存款日记账(见图 2-143)。记账会计、出纳分别在记账凭证上签字(签字后的记账凭证略)。

银行存款日记账

2019年		凭证		对方科目	摘要	借方	贷方	借或贷	余额	✓
月	日	种类	号数			亿千百十万千百十元角分	亿千百十万千百十元角分		亿千百十万千百十元角分	
12	1				期初余额			借	7 8 8 0 0 0 0 0	
12	1	银付	1	库存现金	提取备用金		5 0 0 0 0 0	借	7 3 8 0 0 0 0 0	
					略					
					……					
12	7	银付	略	财务费用	购买转账支票		2 5 0 0	借	略	
					……					
12	8	银收	略	应收账款	收取货款	2 3 0 0 0 0 0 0		借	略	
					……					
12	10	银付	略	销售费用	支付广告费		2 6 0 0 0 0	借	略	

图 2-143　银行存款日记账

典型工作任务 3.1.4　支票背书转让

【任务描述】2019 年 12 月 11 日，佳康宝公司收到北京天健健身器材有限公司签发的转账支票 500 000 元，用于支付货款。当天，佳康宝公司将该支票背书转让给北京天和贸易有限公司，偿还上月购买原材料的货款。

【业务处理流程】

支票背书转让业务处理流程如图2-144所示。

岗位	出纳	会计主管	总经理	出纳	制单会计	会计主管	记账会计
工作任务	填写支票背面	审核签章	审核签章	支付款项	填制凭证	审核凭证	登记账簿
典型凭证记录	转账支票	转账支票	转账支票	转账支票	转账支票复印件、收款收据、记账凭证	记账凭证	明细账

图 2-144　支票背书转让业务处理流程

【业务指导】

(1) 出纳人员收到支票后确认是否可以背书转让，对可以背书转让的支票，在背面填写被背书人单位名称及背书日期(见图2-145、图2-146)。

图 2-145　转账支票正面

图 2-146　转账支票背面

操作提示：

转让背书与前述委托收款背书不同，是以持票人将票据权利转让他人为目的。支票仅限于在其票据交换区域内背书转让。票据背书转让时，由背书人在票据背面签章并记载背书日期，被背书人栏填写要背书给的那个单位名称。背书未记载日期的，视为在票据到期日前背书。

填明"现金"字样的银行汇票、银行本票和用于支取现金的支票不得背书转让。区域性银行汇票仅限于在本区域内背书转让，银行本票、支票仅限于在其票据交换区域内背书转让。票据出票人在票据正面记载"不得转让"字样的，票据不得转让；其直接后手再背书转让的，出票人对其直接后手的被背书人不承担保证责任，对被背书人提示付款或委托收款的票据，银行不予受理。票据背书人在票据背面背书人栏记载"不得转让"字样的，其后手再背书转让的，记载"不得转让"字样的背书人对其后手的被背书人不承担保证责任。票据被拒绝承兑、拒绝付款或者超过付款提示期限的，不得背书转让。背书不得附有条件，背书附有条件的，所附条件不具有票据上的效力。

(2) 出纳人员将填好的支票交会计主管及总经理审核。经确认无误后，会计主管及总经理分别在支票背面加盖财务专用章及法人名章(见图2-147)。

图 2-147 转账支票背面

(3) 出纳人员将完成背书手续的支票交给北京天和贸易有限公司支付材料款，收到天和贸易有限公司开具的收据(见图2-148)。

图 2-148 收款收据

(4) 制单会计根据背书转让支票的复印件(正反面均需复印)及天和贸易有限公司开具的收据，填制记账凭证(见图 2-149)。

图 2-149 记账凭证

(5) 会计主管审核记账凭证，审核完毕后的记账凭证交记账会计登记应收账款等相关明细账。记账会计在记账凭证上签字(签字后的记账凭证略)。

(注：本业务没有银行存款的流入流出，因此出纳人员不必登记银行存款日记账，记账会计登记明细账内容在此省略。)

【业务延伸】

※天和贸易有限公司收到该支票(见图 2-150)后继续转让给北京天美贸易有限公司。

图 2-150　背书转让支票背面

操作提示：

以背书转让的票据，背书应当连续。持票人以背书的连续证明其票据权利。背书连续，是指票据第一次背书转让的背书人是票据上记载的收款人，前次背书转让的被背书人是后一次背书转让的背书人，依次前后衔接，最后一次背书转让的被背书人是票据的最后持票人。票据的背书人应当在票据背面的背书栏依次背书。对取得背书不连续票据的持票人，票据债务人可以拒绝付款。

※如果北京天美贸易有限公司收到该张支票后，继续转让给北京立健贸易有限公司。此时的第三次背书可以使用统一格式的粘单黏附于票据上规定的粘接处，粘单上的第一记载人，应当在票据和粘单的粘接处签章。注意，各印章之间不得相互遮盖(见图 2-151)。

图 2-151　背书转让支票背面

典型工作任务 3.1.5　支票退票

【任务描述】2019 年 12 月 10 日，佳康宝公司收到银行通知，12 月 8 日收到的北京永康健身器材有限公司签发的转账支票发生退票。

【业务处理流程】

支票退票业务处理流程如图 2-152 所示。

图 2-152　支票退票业务处理流程

【业务指导】

(1) 出纳人员取回银行出具的退票理由书(见图 2-153)及退回的转账支票(见图 2-154)。

退票理由书

日期：2019 年 12 月 10 日		
出票单位：北京永康健身器材有限公司　　票据号码：4563510100888122489		
项　目	内　容	退票理由(打√号)
账户款项不足	存款不足	√
	超过放款批准额度或经费限额	
内容填写	金额大小写不全、不清楚	
	未填写收款单位或收款人	
	未填写款项用途或用途填写不明	
	按国家规定不能支付的款项	
日期	出票日期已过有效期限	
	非即期支票	
背书签字	背书人签章不清、不全、空白	
	背书人签章与预留银行印鉴不符	
涂改	支票大小写金额或收款人名称涂改	
	日期、账号等涂改处未盖预留银行印鉴证明	
其他	此户已结清，无此账户	
	出票人已经申请止付	
	非本行承付支票	

（盖章：中国银行北京海淀支行 2019.12.10 业务专用章 (01)）

图 2-153　退票理由书

图 2-154 发生退票的转账支票

(2) 出纳人员与出票人联系将支票退回，同时追索支票款并有权要求出票人赔偿支票金额 2%的赔偿金。

操作提示：

所谓退票就是指银行认为该支票的款项不能进入收款人账户而将支票退回。支票退票的原因包括下列几个。

① 空头支票。
② 出票人签章与预留印鉴不符的支票。
③ 欠缺法定必要记载事项或者不符合法定格式的支票。
④ 超过票据权利时效的支票，主要表现为超过提示付款期限的支票。
⑤ 远期支票。
⑥ 人民法院做出的除权判决已经发生法律效力的支票。
⑦ 以背书方式取得的但背书不连续的支票。
⑧ 票据权利人已经挂失止付的支票。
⑨ 出票人账户被冻结、出票人的支票存款账户已销户。
⑩ 支票大小写金额不符，交换票据未盖交换章，支票上的字迹、签章模糊不清等。

票据到期被拒绝付款，持票人可以对背书人、出票人以及票据的其他债务人行使追索权。持票人行使追索权，应当提供被拒绝承兑或者被拒绝付款的拒绝证明或者退票理由书以及其他有关证明。退票理由书应当包括下列事项。

① 所退票据的种类。
② 退票的事实依据和法律依据。
③ 退票时间。
④ 退票人签章。

(3) 制单会计根据退票理由书填制记账凭证(见图 2-155)。

付 款 凭 证

贷方科目：**银行存款**　　　2019 年 12 月 10 日

出纳编号：_____
制单编号：**略**

对方单位	摘要	借方科目		金额	记账符号
		总账科目	明细科目	千百十万千百十元角分	
	支票退票	应收账款	北京永康	2 3 0 0 0 0 0 0	
		合　　计		¥ 2 3 0 0 0 0 0 0	

附凭证 1 张

会计主管　　　记账　　　稽核　　　出纳　　　制单 **米乐**

图 2-155　付款凭证

(4) 会计主管审核记账凭证。审核完毕后的记账凭证交记账会计登记应收账款明细账，交出纳人员登记银行存款日记账(见图 2-156)。记账会计、出纳分别在记账凭证上签字(签字后的记账凭证略)。

银行存款日记账

2019年		凭证		对方科目	摘要	借方	贷方	借或贷	余额	√
月	日	种类	号数			亿千百十万千百十元角分	亿千百十万千百十元角分		亿千百十万千百十元角分	
12	1				期初余额			借	7 8 8 0 0 0 0 0	
12	1	银付	1	库存现金	提取备用金		5 0 0 0 0 0 0	借	7 3 8 0 0 0 0 0	
					……					
12	7	银付	略	财务费用	购买转账支票		2 5 0 0	借	略	
12	8	银收	略	应收账款	收取货款	2 3 0 0 0 0 0 0		借	略	
					……					
12	10	银付	略	销售费用	支付广告费		2 6 0 0 0 0	借	略	
12	10	银付	略	应收账款	支票退票		2 3 0 0 0 0 0 0	借	略	

图 2-156　银行存款日记账

典型工作任务 3.1.6　支票遗失

【任务描述】2019 年 12 月 15 日，佳康宝公司不慎将签发的一张面额为 20 000 元的现金支票遗失。

【业务处理流程】

支票遗失业务处理流程如图 2-157 所示。

岗位	出纳	会计主管	总经理	银行	法院	银行
工作任务	填写单证	审核签章	审核签章	申请挂失止付	申请公示催告	停止付款
典型凭证记录	挂失止付通知书	挂失止付通知书	挂失止付通知书	挂失止付通知书等	停止支付通知	停止支付通知

图 2-157 支票遗失业务处理流程

【业务指导】

(1) 出纳人员填写挂失止付通知书(见图 2-158)。

挂失止付通知书

填写日期 2019 年 12 月 15 日

挂失止付人:	北京佳康宝健身器材有限公司	主要内容	丧失票据记载的	票据种类	现金支票
票据丧失时间:	2019年12月15日			号码	26478952
票据丧失地点:	北京市			金额	￥20000.00
票据丧失事由:				付款人	北京佳康宝健身器材有限公司
				收款人	北京佳康宝健身器材有限公司
				出票日期	2019年12月15日
				付款日期	2019年12月15日至2019年12月24日
		挂失止付人联系地址（电话）: 北京市东城区朝阳门北大街9号 87654321			
		失票人签章 2019年12月15日			

图 2-158 挂失止付通知书

操作提示:

《票据法》规定，票据丧失，失票人可以及时通知票据的付款人挂失止付，但是，未记载付款人或者无法确定付款人及其代理付款人的票据除外。

已承兑的商业汇票、支票，填明"现金"字样和代理付款人的银行汇票以及填明"现金"字样的银行本票丧失，可以由失票人通知付款人或者代理付款人挂失止付。

允许挂失止付的票据丧失，失票人需要挂失止付的，应填写挂失止付通知书并签章。挂失止付通知书应当记载下列事项。

① 票据丧失的时间、地点、原因。
② 票据的种类、号码、金额、出票日期、付款日期、付款人名称、收款人名称。
③ 挂失止付人的姓名、营业场所或者住所以及联系方法。

欠缺上述记载事项之一的，银行不予受理。

挂失止付通知书一式三联，第一联是银行给挂失人的受理回单，第二联银行凭以登记登记簿，第三联银行凭以拍发电报。

(2) 出纳人员将挂失止付通知书交会计主管及总经理审核后，会计主管及总经理分别加盖财务专用章及法人名章(见图2-159)。

图 2-159　挂失止付通知书(已审核签章)

(3) 出纳人员持本单位出具的公函或有关证明及挂失止付通知书送交开户银行，申请挂失止付。银行查明该支票确未支付，经收取一定的挂失手续费后受理挂失，在挂失人账户中用红笔注明支票号码及挂失的日期。付款人或者代理付款人在收到挂失止付通知书之前，已经向持票人付款的，不再承担责任。

(4) 佳康宝公司应当在通知挂失止付后3日内，依法向人民法院申请公示催告，或者向人民法院提起诉讼。在向人民法院提交的申请书上，应写明票据类别、票面金额、出票人、付款人、背书人等票据主要内容，并说明票据丧失的情形，同时提出有关证据，以证明自己确属丧失的票据的持票人，有权提出申请。

法院受理公示催告后，应同时通知付款人停止支付。法院的停止支付通知送达后，就取代了失票人的挂失止付通知书，发生停止付款的法律效力。

(5) 付款人或者代理付款人自收到挂失止付通知书之日起12日内没有收到人民法院的止付通知书的，自第13日起，挂失止付失效，持票人提示付款并依法向持票人付款的，不再承担责任。

操作提示：

已经签发的转账支票遗失或被盗等，银行不受理挂失，但可以请求收款人及其开户银行协助防范。如果丧失的支票超过有效期或者挂失之前已经由付款银行支付票款的，由此所造成的一切损失，均应由失票人自行负责。

任务 3.2　银行汇票结算业务

知识链接

1. 银行汇票结算的特点

银行汇票是出票银行签发的,由其在见票时按照实际结算金额无条件支付给收款人或者持票人的票据。银行汇票的出票人,为经中国人民银行批准办理银行汇票业务的银行。银行汇票的出票银行为银行汇票的付款人。单位和个人在本地或异地的各种款项结算,均可使用银行汇票。银行汇票可以用于转账,填明"现金"字样的银行汇票也可以用于支取现金。签发现金银行汇票,申请人和收款人必须均为个人。企业只能签发转账银行汇票。

与其他银行结算方式相比,银行汇票具有信誉度高、适用范围广、方便快捷、结算准确等特点。银行汇票由银行签发,于指定日期由签发银行无条件支付,一般不存在票据得不到兑现的问题,因而信誉度很高。使用银行汇票结算,票随人走,验票交货,见票即付,钱货两清,因此使用方便,应用广泛。企业持银行汇票采购,在银行汇票的票面金额之内的,根据实际结算金额办理支付,多余的款项将由银行自动退回,因而结算金额准确。

2. 银行汇票的使用要求

(1) 银行汇票一律为记名式,即必须记载收款人的名称。

(2) 银行汇票的提示付款期限为1个月。这里所说的1个月,是指从签发日开始,不论月大月小,统一到下月对应日期止的1个月。如果到期日遇法定节假日可以顺延。持票人超过提示付款期提示付款,代理付款人不予受理。

(3) 银行汇票的实际结算金额不得更改,更改实际结算金额的银行汇票无效。

(4) 银行汇票的实际结算金额低于出票金额的,其多余金额由出票银行退交申请人。

(5) 收款人可以将银行汇票进行背书转让。银行汇票的背书转让以不超过出票金额的实际结算金额为准。未填写实际结算金额或实际结算金额超过出票金额的银行汇票不得背书转让。填明"现金"字样的银行汇票不得背书转让。区域性银行汇票仅限于在本区域内背书转让。

(6) 银行汇票丧失,失票人可以凭人民法院出具的其享有票据权利的证明,向出票银行请求付款或退款。

3. 银行汇票相关凭证的填制

(1) 银行汇票申请书的填制。

付款单位需要使用银行汇票办理结算的,需要向银行填写银行汇票申请书。有些银行将办理电汇、银行汇票、本票等业务的凭证统一样式,称为结算业务申请书。结算业务申请书的填写可参考任务 2.2 中汇兑凭证的填制要求。

(2) 银行汇票的填制。

签发银行汇票必须记载下列事项。

① 表明银行汇票的字样。

② 无条件支付的承诺。

③ 出票金额。
④ 付款人名称。
⑤ 收款人名称。
⑥ 出票日期。
⑦ 出票人签章。

欠缺记载上列事项之一的，银行汇票无效。

银行汇票正面如图 2-160 所示。

图 2-160　银行汇票正面

① 填写出票日期，出票日期必须使用中文大写，不得更改。

② 签发现金银行汇票时填写代理付款行名称和行号，签发转账银行汇票时不得填写。但由中国人民银行代理兑付银行汇票的商业银行，向设有分支机构地区签发转账银行汇票的除外。

③ 填写收款人全称。

④ 填写人民币大写金额，不得更改。大写金额数字应紧接"人民币"字样填写，不得留有空白。申请人和收款人均为个人时可以签发现金银行汇票，收妥申请人交存的现金后，在银行汇票"出票金额"栏先填写"现金"字样，后填写出票金额。

⑤ 应在出票金额以内，根据实际需要的款项办理结算，填写实际大写金额，不得更改。大写金额数字应紧接"人民币"字样填写，不得留有空白。

⑥ 填写实际结算小写金额，不得更改。大小写金额必须一致，小写金额前面加人民币符号"¥"。

⑦ 填写申请人全称。

⑧ 填写申请人存款账户的账号。

⑨ 填写签发银行汇票的银行名称和行号。

⑩ 申请人在申请书"备注"栏内注明"不得转让"的,出票行应在汇票正面的"备注"栏内注明。

⑪ 实际结算金额低于出票金额的,应填写多余金额。

⑫ 加盖银行汇票专用章及其法定代表人或授权经办人的签名或盖章。

⑬ 银行经办人员复核签章。

⑭ 银行经办人员记账签章。

银行汇票背面如图 2-161 所示。

图 2-161 银行汇票背面

① 银行汇票背书转让时,需填写被背书人的全称。

② 非转让背书时需填写相关字样表明背书的类型,如"委托收款""质押"等。背书不得附有条件,将汇票金额的一部分转让的背书或将汇票金额分别转让给两人以上的背书无效。持票人对填明"现金"字样的银行汇票,需要委托他人向银行提示付款的,应在银行汇票背面背书栏签章,记载"委托收款"字样、被委托人姓名、背书日期,以及委托人身份证件名称、号码、发证机关。

③ 银行汇票背书转让时,背书人需在背面签章,已背书转让的汇票,背书应当连续。

④ 银行汇票背书转让时,需记载背书日期,可用小写。未记载日期的,视为在汇票到期日前背书。

⑤ 持票人签章,签章需与预留银行签章相同。

⑥ 若持票人为个人,需填写提交的身份证件名称。

⑦ 若持票人为个人,需填写提交的身份证件的发证机关。

⑧ 若持票人为个人,需填写身份证件号码。

⑨ 票据凭证不能满足背书人记载事项的需要,可以加附粘单,黏附于票据凭证上。粘单上的第一记载人应当在汇票和粘单的粘接处签章。

◉ 典型业务操作

典型工作任务 3.2.1　申请银行汇票

【任务描述】2019 年 12 月 2 日，佳康宝公司需到银行开具一张 35 000 元的银行汇票，用于向广东鸿荣机械有限公司异地采购材料。

【业务处理流程】

申请银行汇票业务处理流程如图 2-162 所示。

岗位	出纳	会计主管	总经理	银行	制单会计	会计主管	记账会计	出纳
工作任务	填制单证	审核凭证	审核凭证	签发票据	填制凭证	审核凭证	登记账簿	登记账簿
典型凭证记录	结算业务申请书	结算业务申请书	结算业务申请书	银行汇票	银行汇票结算业务申请书 / 记账凭证	记账凭证	明细账	银行存款日记账

图 2-162　申请银行汇票业务处理流程

【业务指导】

(1) 出纳人员准备办理银行汇票的资金，填写结算业务申请书(见图 2-163)，用于申请银行汇票。

图 2-163　银行汇票结算业务申请书

(2) 出纳人员将填好的结算业务申请书交财务经理和总经理进行审核。财务经理审核完毕后，加盖财务专用章；总经理审核完毕后，加盖法人名章(见图 2-164)。

图 2-164　银行汇票结算业务申请书(已审核签章)

(3) 出纳人员将审核无误的结算业务申请书送交银行，向银行申请签发银行汇票。出票银行受理结算业务申请书后，在收妥款项后签发银行汇票，用压数机压印出票金额，并将银行汇票的第二联及第三联交给申请人(见图 2-165～图 2-168)。

图 2-165　银行汇票第一联

图 2-166 银行汇票第二联

图 2-167 银行汇票第三联

第二部分 出纳实务操作

图 2-168 银行汇票第四联

操作提示：

银行汇票一般一式四联：第一联为卡片联，出票行(付款单位开户行)结算汇出汇款借方凭证；第二联为正联，代理付款行付款后作联行往来借方凭证附件；第三联为解讫通知，代理付款行兑付后随报单寄出银行，由出票行作多余款贷方凭证；第四联为多余款收账通知，出票行作多余款后交申请人。

(4) 出纳人员将取回的银行汇票结算业务申请书回单联(见图 2-169)交制单会计编制记账凭证(见图 2-170)。

图 2-169 银行汇票结算业务申请书回单联

付 款 凭 证

出纳编号 _____

贷方科目：**银行存款**　　2019 年 12 月 2 日　　制单编号 **略**

对方单位	摘要	借方科目		金额	记账符号
		总账科目	明细科目	千百十万千百十元角分	
	申请银行汇票	其他货币资金	银行汇票存款	3500000	
	合　计			¥3500000	

会计主管　　　记账　　　稽核　　　出纳　　　制单 **米乐**

附凭证 1 张

图 2-170　付款凭证

操作提示：

办理银行汇票业务，需要缴纳工本费、手续费和邮电费。手续费一般每笔业务银行收取 1 元，邮电费按邮电部门标准收取。

银行收取的工本费、手续费和邮电费等，申请单位可用现金支付，也可从其账户中扣收，编制付款凭证时，借记"财务费用"科目，贷记"库存现金"或"银行存款"科目。具体业务处理可参见项目二中汇兑结算业务的处理。

(5) 会计主管审核记账凭证。审核完毕后的记账凭证交记账会计登记其他货币资金明细账，交出纳人员登记银行存款日记账(见图 2-171)。会计主管、记账会计、出纳分别在记账凭证上签字(签字后的记账凭证略)。

银行存款日记账

2019年		凭证		对方科目	摘要	借方	贷方	借或贷	余额	√
月	日	种类	号数			亿千百十万千百十元角分	亿千百十万千百十元角分		亿千百十万千百十元角分	
12	1				期初余额			借	78800000	
					……					
12	2	银付	略	其他货币资金	申请银行汇票		3500000	借	略	

图 2-171　银行存款日记账

典型工作任务 3.2.2　使用银行汇票付款

【任务描述】佳康宝公司将申请签发的金额为 35 000 元的银行汇票交业务员到广州鸿荣机械有限公司采购原材料。12 月 7 日交易完成,业务员以银行汇票支付材料款。

【业务处理流程】

银行汇票付款业务处理流程如图 2-172 所示。

图 2-172　银行汇票付款业务处理流程

【业务指导】

(1) 12 月 7 日,业务员完成采购业务,收到广州鸿荣机械有限公司开具的增值税专用发票(见图 2-173),将银行汇票的正联(见图 2-174)和解讫通知联交收款方用以支付货款,对方在银行汇票上补记实际结算金额。

图 2-173　增值税专用发票

图2-174 银行汇票正联

操作提示：

收款人受理申请人交付的银行汇票时，应在出票金额以内，根据实际需要的款项办理结算，并将实际结算金额和多余金额准确、清晰地填入银行汇票正联和解讫通知联的有关栏内。未填明实际结算金额和多余金额或实际结算金额超过出票金额的，银行不予受理。

(2) 制单会计根据业务员交回的采购发票(增值税专用发票)及银行汇票正联复印件(见图2-175)，编制记账凭证(见图2-176)。

图2-175 银行汇票正联复印件

图 2-176 记账凭证

(3) 会计主管审核记账凭证。审核完毕后的记账凭证交记账会计登记其他货币资金明细账和应付账款明细账。会计主管、记账会计分别在记账凭证上签字(签字后的记账凭证略)。

(注：本业务没有银行存款的流入流出，因此出纳人员不必登记银行存款日记账，记账会计登记其他货币资金明细账内容在此省略。)

典型工作任务 3.2.3　收回银行汇票余款

【任务描述】2019 年 12 月 10 日，佳康宝公司收到开户银行通知，收回银行汇票多余款项。

【业务处理流程】

收回银行汇票余款业务处理流程如图 2-177 所示。

图 2-177　收回银行汇票余款业务处理流程

【业务指导】

(1) 出纳人员自开户银行取回银行汇票多余款收账通知联(见图 2-178)。

图 2-178　银行汇票多余款收账通知

(2) 记账会计根据银行汇票多余款收账通知联编制收取多余款项的记账凭证(见图 2-179)。

图 2-179　收款凭证

(3) 会计主管审核记账凭证。审核完毕后的记账凭证交记账会计登记其他货币资金明细账，交出纳人员登记银行存款日记账(见图 2-180)。会计主管、记账会计、出纳分别在记账凭证上签字(签字后的记账凭证略)。

银行存款日记账

2019年		凭证		对方科目	摘要	借方	贷方	借或贷	余额	
月	日	种类	号数			亿千百十万千百十元角分	亿千百十万千百十元角分		亿千百十万千百十元角分	
12	1				期初余额			借	7 8 8 0 0 0 0 0	
					……					
12	2	银付	略	其他货币资金	申请银行汇票		3 5 0 0 0 0 0	借	略	
					……					
12	10	银收	略	其他货币资金	收回汇票余款	5 1 4 1 6 0		借	略	

图2-180　银行存款日记账

典型工作任务3.2.4　收到银行汇票

【任务描述】2019年12月2日，佳康宝公司收到上海光明贸易有限公司签发的金额为20 000元的银行汇票。

【业务处理流程】

银行汇票收款业务处理流程如图2-181所示。

岗位	出纳	会计主管	总经理	银行	制单会计	会计主管	记账会计	出纳
工作任务	填制单证	审核凭证	审核凭证	办理收款	填制凭证	审核凭证	登记账簿	登记账簿
典型凭证记录	银行汇票 进账单	银行汇票 进账单	银行汇票 进账单	银行汇票 进账单	进账单回单 记账凭证	记账凭证	明细账	银行存款日记账

图2-181　银行汇票收款业务处理流程

【业务指导】

(1) 出纳人员收到银行汇票的正联(见图2-182)和解讫通知联(见图2-183)。

图2-182　银行汇票正联

图 2-183　银行汇票解讫通知联

操作提示：

收款人收到银行汇票时，应审查下列事项。

① 银行汇票和解讫通知是否齐全、汇票号码和记载的内容是否一致。
② 收款人是否确为本单位或本人。
③ 银行汇票是否在提示付款期限内。
④ 必须记载的事项是否齐全。
⑤ 出票人签章是否符合规定，是否有压数机压印的出票金额，并与大写出票金额一致。
⑥ 出票金额、出票日期、收款人名称是否更改，更改的其他记载事项是否由原记载人签章证明。

(2) 出纳人员填写实际结算金额及多余金额并在银行汇票正联进行背书(见图 2-184、图 2-185)，同时填写一式三联的进账单(见图 2-186)。

图 2-184　银行汇票正联正面

图 2-185 银行汇票正联背面

图 2-186 进账单

(3) 出纳人员将填好的进账单和银行汇票交财务经理和总经理进行审核。审核完毕后，在银行汇票正联背面分别加盖财务专用章及法人名章(见图 2-187)。

(4) 出纳人员将审核无误的银行汇票和进账单送交银行，委托银行收款。

图 2-187 银行汇票背面

操作提示：

持票人向银行提示付款时，必须同时提交银行汇票正联和解讫通知联，缺少任何一联，银行不予受理。

在银行开立存款账户的持票人向开户银行提示付款时，应在汇票背面持票人向银行提示付款签章处签章，签章需与预留银行签章相同，并将银行汇票正联和解讫通知联、进账单送交开户银行。银行审查无误后办理转账。

未在银行开立存款账户的个人持票人，可以向选择的任何一家银行机构提示付款。提示付款时，应在汇票背面持票人向银行提示付款签章处签章，并填明本人身份证件名称、号码及发证机关。由本人向银行提交身份证件及其复印件。银行审核无误后，将其身份证件复印件留存备查，并以持票人的姓名开立应解汇款及临时存款账户，该账户只付不收，付完清户，不计付利息。

(5) 银行办理完毕后将进账单回单交申请人，制单会计根据进账单回单(见图 2-188)编制记账凭证(见图 2-189)。

图 2-188　进账单回单

图 2-189　收款凭证

(6) 会计主管审核记账凭证。审核完毕后的记账凭证交记账会计登记应收账款明细账，交出纳人员登记银行存款日记账(见图 2-190)。主管会计、记账会计、出纳分别在记账凭证上签字(签字后的记账凭证略)。

银行存款日记账

2019年		凭证		对方科目	摘要	借方										贷方										借或贷	余额										✓
月	日	种类	号数			亿	千	百	十	万	千	百	十	元	角	分	亿	千	百	十	万	千	百	十	元	角	分		亿	千	百	十	万	千	百	十	元	角	分	
12	1				期初余额																							借				7	8	8	0	0	0	0	0	
					……																																		
12	2	银付	略	其他货币资金	申请银行汇票																	3	5	0	0	0	0	0	借							略				
					……																																		
12	2	银收	略	应收账款	银行汇票收款						2	0	0	0	0	0												借							略				
					……																																		
12	10	银收	略	其他货币资金	收回汇票余款							5	1	4	1	6	0											借							略				

图 2-190　银行存款日记账

任务 3.3　银行本票业务处理

◉ 知识链接

1. 银行本票结算的特点

银行本票是出票人签发的，承诺自己在见票时无条件支付确定的金额给收款人或者持票人的票据。银行本票的出票人，为经中国人民银行当地分支行批准办理银行本票业务的银行机构。单位和个人在同一票据交换区域需要支付各种款项，均可以使用银行本票。银行本票可以用于转账，注明"现金"字样的银行本票可以用于支取现金。申请人或收款人为单位的，不得申请签发现金银行本票。

与其他银行结算方式相比，银行本票结算具有使用方便、信誉度高、见票即付、实时到账等特点。单位、个体工商户和个人不管是否在银行开户，他们之间在同城范围内的所有商品交易、劳务供应以及其他款项的结算都可以使用银行本票办理。收款方持银行本票可以支取现金、转账结算，也可以背书转让。银行本票是由银行签发，于指定日期由签发银行无条件支付的票据，一般不存在票据得不到兑现的问题，因而信誉度很高。银行本票的收款单位在委托银行收款时票款立即入账，方便收款单位资金的使用。

2. 银行本票的使用要求

(1) 银行本票分为定额银行本票和不定额银行本票两种。定额银行本票面额为 1 000 元、5 000 元、10 000 元和 50 000 元。不定额银行本票在签发时根据实际需要填写金额。

(2) 银行本票的提示付款期限自出票日起最长不得超过 2 个月。持票人超过付款期限提示付款的，代理付款人不予受理。

(3) 申请人使用银行本票，应向银行填写银行本票申请书(或结算业务申请书)，填明收款人名称、申请人名称、支付金额、申请日期等事项并签章。申请人和收款人均为个人需要支取现金的，应在支付金额栏先填写"现金"字样，后填写支付金额。

(4) 收款人可以将银行本票背书转让给被背书人。填明"现金"字样的银行本票不得背书转让。

(5) 银行本票丧失，失票人可以凭人民法院出具的其享有票据权利的证明，向出票银行请求付款或退款。

(6) 银行本票见票即付，实时到账。

3. 银行本票相关凭证的填制

(1) 银行本票申请书的填制。

申请人办理银行本票需要填写银行本票申请书，也可用结算业务申请书代替。

(2) 银行本票的填制。

签发银行本票必须记载下列事项。

① 表明银行本票的字样。

② 无条件支付的承诺。

③ 确定的金额。

④ 收款人名称。

⑤ 出票日期。

⑥ 出票人签章。

欠缺记载上列事项之一的，银行本票无效。

不定额银行本票正面如图 2-191 所示。

图 2-191　银行本票正面

不定额银行本票背面如图 2-192 所示。

图 2-192 银行本票背面

① 填写银行本票的出票日期。

② 填写收款人的名称。

③ 填写申请银行本票的单位或个人。

④ 填写银行见票时需支付给持票人的金额,用大写填写;填写出票小写金额、密押和行号。

⑤ 表明是转账本票还是现金本票。

⑥ 与该业务有关的其他补充资料。

⑦ 经办人员签章。

⑧ 复核人员签章。

⑨ 出纳人员签章。

⑩ 出票行签章。

⑪ 银行本票可以背书转让,填明"现金"字样的银行本票不能背书转让。背书时,被背书人要填写背书日期并签章。

⑫ 未在银行开立存款账户的个人持票人,应在银行本票背面签章,记载本人身份证件名称、号码及发证机关。

⑬ 票据凭证不能满足背书人记载事项的需要,可以加附粘单,黏附于票据凭证上。粘单上的第一记载人应当在汇票和粘单的粘接处签章。

典型业务操作

典型工作任务 3.3.1 申请银行本票

【任务描述】2019 年 12 月 3 日,佳康宝公司需到银行开具一张金额为 5 000 元的银行本票,用于向北京天诚健身器材有限公司支付货款。

【业务处理流程】

申请银行本票业务处理流程如图 2-193 所示。

第二部分 出纳实务操作

岗位	出纳	会计主管	总经理	银行	制单会计	会计主管	记账会计	出纳
工作任务	填制单证	审核凭证	审核凭证	签发票据	填制凭证	审核凭证	登记账簿	登记账簿
典型凭证记录	结算业务申请书	结算业务申请书	结算业务申请书	银行本票	结算业务申请书 ---------- 记账凭证	记账凭证	明细账	银行存款日记账

图 2-193　申请银行本票业务处理流程

【业务指导】

(1) 出纳人员准备办理银行本票的资金，填写结算业务申请书(见图 2-194)，用于申请银行本票。

图 2-194　银行本票结算业务申请书

(2) 出纳人员将填好的结算业务申请书交财务经理和总经理进行审核。财务经理审核完毕后，加盖财务专用章；总经理审核完毕后，加盖法人名章(见图 2-195)。

图 2-195　银行本票结算业务申请书(已审核)

(3) 出纳人员将审核无误的结算业务申请书送交银行，向银行申请签发银行本票。出票银行受理结算业务申请书，在收妥款项后签发银行本票，在银行本票正联上加盖票据专用章和经办人员的名章(见图 2-196、图 2-197)。

图 2-196　银行本票第一联

图 2-197　银行本票第二联

第二部分 出纳实务操作

操作提示:

银行本票一式两联:第一联为卡片联,此联出票行留存,结清本票时作借方凭证附件;第二联为正联,供出票行结清本票时作付出传票。正联的背面内容为被背书人及被背书人签章、个人持票人身份证件名称及号码、持票人向银行提示付款及签章等内容。

(4) 出纳人员将银行本票结算业务申请书的回单联(见图 2-198)取回,交制单会计编制记账凭证(见图 2-199)。

图 2-198 银行本票结算业务申请书回单联

图 2-199 付款凭证

(5) 会计主管审核记账凭证。审核完毕后的记账凭证交记账会计登记其他货币资金明细账,交出纳人员登记银行存款日记账(见图 2-200)。主管会计、记账会计、出纳分别在记账凭证上签字(签字后的记账凭证略)。

银行存款日记账

图 2-200　银行存款日记账

典型工作任务 3.3.2　使用银行本票付款

【任务描述】2019 年 12 月 3 日，佳康宝公司将申请签发的金额为 5 000 元的银行本票交北京天诚健身器材有限公司用于支付前欠的材料采购款。

【业务处理流程】

银行本票付款业务处理流程如图 2-201 所示。

岗位	出纳	制单会计	会计主管	记账会计
工作任务	支付货款	填制凭证	审核凭证	登记账簿
典型凭证记录	银行本票	银行本票 记账凭证	记账凭证	其他货币资金明细账

图 2-201　银行本票付款业务处理流程

【业务指导】

(1) 出纳人员将银行本票正联(见图 2-202)交北京天诚健身器材有限公司。

图 2-202　银行本票正联

(2) 收到北京天诚健身器材有限公司开具的收据(见图2-203)。

图 2-203 收款收据

(3) 制单会计根据对方开具的收款收据及银行本票正联的复印件编制记账凭证(见图2-204)。

图 2-204 记账凭证

(4) 会计主管审核记账凭证。审核完毕后的记账凭证交记账会计登记其他货币资金明细账和应付账款明细账。主管会计、记账会计分别在记账凭证上签字(签字后的收款凭证略)。

典型工作任务 3.3.3　收到银行本票

【任务描述】2019 年 12 月 3 日，佳康宝公司收到北京天恒贸易有限公司签发的金额为 1 000 000 元的银行本票，用于支付前欠的货款 985 000 元。

【业务处理流程】

银行本票收款业务处理流程如图 2-205 所示。

岗位	出纳	会计主管	总经理	银行	制单会计	会计主管	记账会计	出纳
工作任务	填制单证	审核凭证	审核凭证	办理收款	填制凭证	审核凭证	登记账簿	登记账簿
典型凭证记录	银行本票 进账单	银行本票 进账单	银行本票 进账单	银行本票 进账单	进账单回单 记账凭证	记账凭证	明细账	银行存款日记账

图 2-205　银行本票收款业务处理流程

【业务指导】

(1) 出纳人员收到银行本票，在其正联背面进行背书(见图 2-206、图 2-207)，同时填写一式三联的进账单(见图 2-208)。

图 2-206　银行本票正联正面

图 2-207　银行本票正联背面

图 2-208　进账单

操作提示：

收款人收到银行本票时，应审查下列事项。

① 收款人是否确为本单位或本人。
② 银行本票是否在提示付款期限内。
③ 必须记载的事项是否齐全。
④ 出票人签章是否符合规定，不定额银行本票是否有压数机压印的出票金额，并与大写出票金额一致。
⑤ 出票金额、出票日期、收款人名称是否更改，更改的其他记载事项是否由原记载人签章证明。

(2) 出纳人员将填好的进账单和银行本票正联交财务经理和总经理进行审核。审核完毕后，财务经理在银行本票正联背面加盖财务专用章，总经理加盖法人名章(见图2-209)。

图 2-209　银行本票正联背面

(3) 出纳人员将银行本票和进账单送交银行，银行审核无误后办理转账业务。

操作提示：

在银行开立存款账户的持票人向银行提示付款时，应在银行本票背面的"持票人向银行提示付款签章"处签章，签章需与预留银行印鉴章相同，并将银行本票和进账单一起送交开户银行。银行审核无误后办理转账业务。未在银行开立账户的收款人，持有"现金"字样的银行本票从银行支取现金的，应在银行本票背面填写收款人的姓名、身份证号码及其发证机关，并交验本人身份证的原件及复印件。

(4) 银行办理完毕后将进账单回单(见图2-210)交申请人，制单会计根据进账单回单编制记账凭证(见图2-211)。

图 2-210　进账单回单(银行办理完毕后)

图 2-211　收款凭证

(5) 会计主管审核记账凭证。审核完毕后的记账凭证交记账会计登记应收账款明细账，交出纳人员登记银行存款日记账(见图 2-212)。主管会计、记账会计、出纳分别在记账凭证上签字(签字后的记账凭证略)。

银行存款日记账

2019年		凭证		对方科目	摘要	借方										贷方										借或贷	余额										√
月	日	种类	号数			亿	千	百	十	万	千	百	十	元	角	分	亿	千	百	十	万	千	百	十	元	角	分		亿	千	百	十	万	千	百	十	元	角	分	
12	1				期初余额																							借				7	8	8	0	0	0	0	0	
12	3	银付	略	其他货币资金	申请银行本票																	5	0	0	0	0	0	借											略
12	3	银收	略	应收账款	银行本票收款				1	0	0	0	0	0	0	0												借												略

图 2-212　银行存款日记账

(6) 出纳人员开出转账支票一张(见图 2-213)，金额为 15 000 元，用于退还银行本票多收款项。

图 2-213 转账支票

操作提示：

银行汇票和银行本票结算，如果实际结算金额小于票面金额，核算时存在明显的区别：在银行汇票结算方式下，银行负责退还余款；而在银行本票结算方式下，银行不负责退还余款，余款由交易双方在交易时自行结清。

(7) 记账会计根据转账支票存根(见图2-214)编制退还多余款项的记账凭证(见图2-215)。

图 2-214 转账支票存根

付 款 凭 证

贷方科目：**银行存款**　　2019 年 12 月 3 日

出纳编号：
制单编号：**略**

对方单位	摘要	借方科目		金额	记账符号
		总账科目	明细科目	千百十万千百十元角分	
	退还本票多余款	应收账款	北京天恒	1500000	
	合计			¥ 1500000	

会计主管　　记账　　稽核　　出纳　　制单 **米乐**

图 2-215　付款凭证

(8) 会计主管审核记账凭证。审核完毕后的记账凭证交记账会计登记应收账款明细账，交出纳人员登记银行存款日记账(见图 2-216)。主管会计、记账会计、出纳分别在记账凭证上签字(签字后的记账凭证略)。

银行存款日记账

2019年		凭证		对方科目	摘要	借方	贷方	借或贷	余额	√
月	日	种类	号数			亿千百十万千百十元角分	亿千百十万千百十元角分		亿千百十万千百十元角分	
12	1				期初余额			借	78800000	
12	3	银付	略	其他货币资金	申请银行本票		5000000	借		略
12	3	银收	略	应收账款	银行本票收款	10000000		借		略
12	3	银付	略	应收账款	退还本票多余款		1500000	借		略

图 2-216　银行存款日记账

任务 3.4　商业汇票业务处理

● **知识链接**

1. 商业汇票的种类及特点

商业汇票是出票人签发的，委托付款人在指定日期无条件支付确定的金额给收款人或者持票人的票据。商业汇票可以由付款人签发，也可以由收款人签发，但商业汇票必须承兑。承兑是指汇票付款人承诺在汇票到期日支付汇票金额并签章的行为。承兑人负有到期无条件支付票款的责任。

商业汇票按承兑人不同，可分为银行承兑汇票和商业承兑汇票。银行承兑汇票是由在承兑银行开立存款账户的存款人(即出票人)签发的，由承兑银行负责承兑的商业汇票。商业承兑汇票是指由付款人(或收款人)签发，由银行以外的付款人承兑的商业汇票。

与其他银行结算方式相比，商业汇票结算具有以下特点：在银行开立存款账户的法人以及其他组织之间，必须具有真实的交易关系或债权债务关系才能使用商业汇票；同城异地结算均可使用商业汇票，且没有结算起点的限制；未到期的商业汇票可以到银行办理贴现，有利于企业及时补充流动资金，维持正常的生产经营；采用商业汇票结算承兑期限最长不超过 6 个月，可以最大限度减少付款单位营运资金的占用与需求。因此商业汇票结算主要在付款单位需要远期支付时采用，有利于销售单位吸引更多客户采购，从而增加销售额和市场占有率。

2. 商业汇票的使用要求

(1) 商业汇票的出票人为在银行开立存款账户的法人以及其他组织，与付款人具有真实的委托付款关系，具有支付汇票金额的可靠资金来源。

(2) 出票人不得签发无对价的商业汇票用以骗取银行或者其他票据当事人的资金。

(3) 商业汇票一律记名，允许背书转让。

(4) 符合条件的商业汇票的持票人可持未到期的商业汇票连同贴现凭证向银行申请贴现。

(5) 商业汇票的付款期限最长不得超过 6 个月。定日付款的汇票付款期限自出票日起计算，并在汇票上记载具体的到期日。出票后定期付款的汇票付款期限自出票日起按月计算，并在汇票上记载。见票后定期付款的汇票付款期限自承兑或拒绝承兑日起按月计算，并在汇票上记载。

(6) 商业汇票的提示付款期限为自汇票到期日起 10 日。持票人应在提示付款期限内通过开户银行委托收款或直接向付款人提示付款。对异地委托收款的，持票人可匡算邮程，提前通过开户银行委托收款。持票人超过提示付款期限提示付款的，持票人开户银行不予受理。

3. 商业汇票记载事项

商业汇票必须记载下列事项。

① 表明商业承兑汇票或银行承兑汇票的字样。
② 无条件支付的委托。
③ 确定的金额。
④ 付款人名称。
⑤ 收款人名称。
⑥ 出票日期。
⑦ 出票人签章。

欠缺记载上列事项之一的，商业汇票无效。

4. 银行承兑汇票相关凭证的填制

(1) 银行承兑汇票申请书的填制。

单位需要使用银行承兑汇票进行结算，必须先填写银行承兑汇票申请书，向银行申请签发银行承兑汇票。

银行承兑汇票申请书一式三联，第一联为中国人民银行留存，第二联为开户银行留存，第三联为申请单位留存。银行承兑汇票申请书的格式如图 2-217 所示。

图 2-217　银行承兑汇票申请书

① 填写汇票申请人的全称。
② 填写汇票申请人的开户银行。
③ 填写汇票申请人的开户银行账号。

④ 填写汇票的号码。
⑤ 根据汇票金额填写，要用大写。
⑥ 根据出票日期填写，要用大写。
⑦ 根据付款期限的到期日期填写，要用大写。
⑧ 根据汇票承兑单位或者承兑银行填写。
⑨ 根据汇票收款人的名称填写。
⑩ 根据汇票收款人的开户银行填写。
⑪ 根据汇票收款人的开户银行账号填写。
⑫ 根据所申请承兑汇票的票面金额合计填写，要用大写。
⑬ 填写申请的原因和用途，如支付货款、支付工程款项等。
⑭ 审核无误后，申请单位加盖公章。
⑮ 审核无误后，申请单位加盖法人章。
⑯ 填写申请汇票的日期。

(2) 银行承兑汇票的填制。

银行承兑汇票一式三联：第一联为卡片联，由承兑银行留存备查，到期支付作为借方凭证附件；第二联为正联，由收款人开户银行随托收凭证寄付款银行作为借方凭证附件；第三联为存根联，留出票人存查。银行承兑汇票正面如图2-218。

图2-218 银行承兑汇票正面

① 填写出票日期，出票日期必须使用中文大写，不得更改。
② 填写出票人全称。
③ 填写出票人存款账户的账号。
④ 填写出票人开户银行名称。
⑤ 填写收款人的全称。
⑥ 填写收款人存款账户的账号。

⑦ 填写收款人开户银行名称。

⑧ 填写出票金额。填写人民币大写金额，不得更改。大写金额数字应紧接"人民币"字样填写，不得留有空白。

⑨ 填写小写金额，不得更改。大小写金额必须一致。小写金额前面应加人民币符号"¥"。

⑩ 填写汇票的到期日，必须使用中文大写，与出票日期填写要求相同。付款期限最长不得超过 6 个月。

⑪ 填写双方签订的承兑协议的号码。

⑫ 填写承兑银行的行号。

⑬ 填写承兑银行的地址。

⑭ 出票人加盖预留印鉴，一般为财务专用章与法人章。

银行承兑汇票背面如图 2-219 所示。

图 2-219 银行承兑汇票背面

① 银行承兑汇票背书转让时，需填写被背书人的全称。

② 被背书人与背书人签章之间空白处，在非转让背书时填写相关字样表明背书的类型，如"委托收款""质押"等。

③ 银行承兑汇票背书转让时，背书人需在背面签章。以背书转让的汇票，背书应当连续。

④ 银行承兑汇票背书转让时，需记载背书日期，可用小写；未记载日期的，视为在汇票到期日前背书。

⑤ 票据凭证不能满足背书人记载事项的需要，可以加附粘单，黏附于票据凭证上。粘单上的第一记载人，应当在汇票和粘单的粘接处签章。

5. 商业承兑汇票的填制

商业承兑汇票一式三联：第一联为卡片联，由承兑人留存；第二联为汇票联，由收款人开户银行随结算凭证寄付款人开户银行作付出传票附件；第三联为存根联，由出票人留存。商业承兑汇票正面如图 2-220 所示。

图 2-220　商业承兑汇票正面

① 填写出票日期，出票日期必须使用中文大写，不得更改。
② 填写付款人的全称。
③ 填写付款人存款账户的账号。
④ 填写付款人开户银行名称。
⑤ 填写收款人的全称。
⑥ 填写收款人存款账户的账号。
⑦ 填写收款人开户银行名称。
⑧ 填写人民币大写金额，不得更改。大写金额数字应紧接"人民币"字样填写，不得留有空白。
⑨ 填写小写金额，不得更改。大小写必须一致。前面加人民币符号"￥"。
⑩ 填写汇票的到期日，必须使用中文大写。与出票日期要求相同，付款期限最长不得超过 6 个月。
⑪ 填写双方签订的交易合同号码。
⑫ 填写付款人开户银行的行号。
⑬ 填写付款人开户银行的地址。
⑭ 承兑人签章，为其预留银行的签章。

⑮ 填写承兑日期。
⑯ 出票人签章，为该单位的财务专用章或公章，加其法定代表人或其授权的代理人的签名或盖章。

商业承兑汇票背面如图 2-221 所示。

图 2-221　商业承兑汇票背面

① 商业承兑汇票背书转让时，需填写被背书人的名称。
② 非转让背书时需填写相关字样表明背书的类型，如"委托收款""质押"等。背书不得附有条件，将汇票金额的一部分转让的背书或者将汇票金额分别转让给二人以上的背书无效。
③ 商业承兑汇票背书转让时，背书人需在背面签章。以背书转让的汇票，背书应当连续。
④ 商业承兑汇票背书转让时，需记载背书日期，可用小写。未记载日期的，视为在汇票到期日前背书。
⑤ 票据凭证不能满足背书人记载事项的需要，可以加附粘单，黏附于票据凭证上。粘单上的第一记载人应当在汇票和粘单的粘接处签章。

6. 商业汇票贴现凭证的填制

商业汇票的收款人或被背书人需要资金时，可持承兑汇票向其开户银行申请贴现，填制贴现凭证。票据贴现是持票人在需要资金时，将其收到的未到期承兑汇票，经过背书转让给银行，先向银行贴付利息，银行以票面余额扣除贴现利息后的票款付给收款人，汇票到期时，银行凭票向承兑人收取现款。就客户而言，贴现即贴息取现。

票据贴现凭证共有五联，第一联银行作贴现的借方凭证(见图 2-222)，第二联银行作持票人账户贷方凭证(见图 2-223)，第三联银行作贴现利息贷方凭证，第四联是银行给持票人的收账通知(见图 2-224)，第五联由银行会计部门按到期日排列保管。

贴 现 凭 证(代申请书) ①

填写日期　①年 ①月 ①日　　　　　第 ② 号

贴现汇票	种 类	④	号码	④	申请人	名 称	③
	出 票 日	④年④月④日			账 号	③
	到 期 日	④年④月④日			开户银行	③

| 汇票承兑人(或银行) | 名称 | ⑤ | 账号 | ⑥ | 开户银行 | ⑦ |

| 汇票金额
(即贴现金额) | 人民币
(大写) | ⑧ | | 千百十万千百十元角分
⑧ |

| 贴现率
每 月 | ⑨‰ | 贴现利息 | 千百十万千百十元角分
⑨ | 实付贴现金额 | 千百十万千百十元角分
⑩ |

| 兹根据《银行结算办法》的规定，附送承兑汇票申请贴现，请审核。
此致
　　　　(贴现银行)
　　　　　　申请人盖章 ⑬ | 银行审批 | | 科目(借)_____
对方科目(贷)_____ |
| | | 负责人　信贷员 | 复核　记账 |

此联银行作贴现借方凭证

图 2-222　贴现凭证第一联

贴 现 凭 证(贷方凭证) ②

填写日期　①年 ①月 ①日　　　　　第 ② 号

贴现汇票	种 类	④	号码	④	申请人	名 称	③
	出 票 日	④年④月④日			账 号	③
	到 期 日	④年④月④日			开户银行	③

| 汇票承兑人(或银行) | 名称 | ⑤ | 账号 | ⑥ | 开户银行 | ⑦ |

| 汇票金额
(即贴现金额) | 人民币
(大写) | ⑧ | | 千百十万千百十元角分
⑧ |

| 贴现率
每 月 | ⑨‰ | 贴现利息 | 千百十万千百十元角分
⑨ | 实付贴现金额 | 千百十万千百十元角分
⑩ |

| 备注：
⑫ | 科目(贷)_____
对方科目(借)_____ |
| | 复核　记账 |

此联银行作贴现申请人账户贷方凭证

图 2-223　贴现凭证第二联

贴 现 凭 证 (收款通知) ④

填写日期　①年①月①日　　　第　②　号

贴现汇票	种　类	④	号码	④		申请人	名　称	③										
	出票日	④年④月④日					账　号	③										
	到期日	④年④月④日					开户银行	③										
汇票承兑人(或银行)	名称	⑤				账号	⑥		开户银行	⑦								
汇票金额 (即贴现金额)	人民币 (大写)	⑧								千	百	十	万	千	百	十	元	角	分
													⑧						
贴现率 每　月	⑨‰	贴现利息	千 百 十 万 千 百 十 元 角 分 ⑨					实付贴现金额		千 百 十 万 千 百 十 元 角 分 ⑩								

上述款项已入你单位账号。 此致 　　　　　　　　⑪ 贴现申请人 　　　　　　银行盖章	备注： 　　　⑫

此联银行给申请人的收款通知

图2-224　贴现凭证第四联

① 填写票据贴现的日期。

② 填写贴现凭证的连续编号，便于审阅与装订。

③ 填写票据贴现申请人的全称、银行账号及开户银行。

④ 填写贴现票据的种类，是商业承兑汇票还是银行承兑汇票；汇票号码，可以判断汇票的真伪；出票日，申请人申请汇票、银行出票的日期；到期日，票据上记载的票据到期的日期，用于判断票据的有效期。

⑤ 填写汇票承兑人。付款人一旦承兑，该付款人则成为承兑人，就负有无条件付款的义务。

⑥ 填写承兑人的账号。在银行开立存款账户的，商业承兑汇票必须记载其账号。

⑦ 填写承兑人的开户银行名称。

⑧ 填写汇票的金额。金额以中文大写和阿拉伯数字同时记载，二者必须一致。

⑨ 填写贴现率和贴现利息。贴现率是指商业银行办理票据贴现业务时，按一定的利率计算利息；贴现利息=票据面额×年贴现率×贴现后到期天数÷360天。

⑩ 填写实付贴现金额，为银行实际支付的价格，其值为汇票金额与贴现利息的差值。

⑪ 填写银行付款的日期，并盖银行的专用章。

⑫ 填写与贴现有关的补充资料。

⑬ 加盖银行预留印鉴。

● 典型业务操作

典型工作任务 3.4.1　商业承兑汇票付款

【任务描述】2019 年 12 月 8 日，佳康宝公司向广州鸿荣机械有限公司采购原材料，收到对方开具的增值税专用发票，材料已验收入库。双方协商以期限为 2 个月、面值为 10 672 元的商业承兑汇票结算货款。

【业务处理流程】

商业承兑汇票付款业务处理流程如图 2-225 所示。

岗位	出纳	会计主管	总经理	制单会计	会计主管	记账会计	银行柜员	制单会计	会计主管	记账会计	出纳
工作任务	填制单证	审核开承兑	审核开承兑	填制凭证	审核凭证	登记账簿	支付款项	填制凭证	审核凭证	登记账簿	登记账簿
典型凭证记录	商业承兑汇票	商业承兑汇票	商业承兑汇票	商业承兑汇票、发票等记账凭证	记账凭证	应付票据等明细账	托收凭证付款通知联	托收凭证付款通知联记账凭证	记账凭证	应付票据等明细账	银行存款日记账

图 2-225　商业承兑汇票付款业务处理流程

【业务指导】

(1) 出纳人员根据审核无误的增值税专用发票(见图 2-226)签发商业承兑汇票(见图 2-227)。

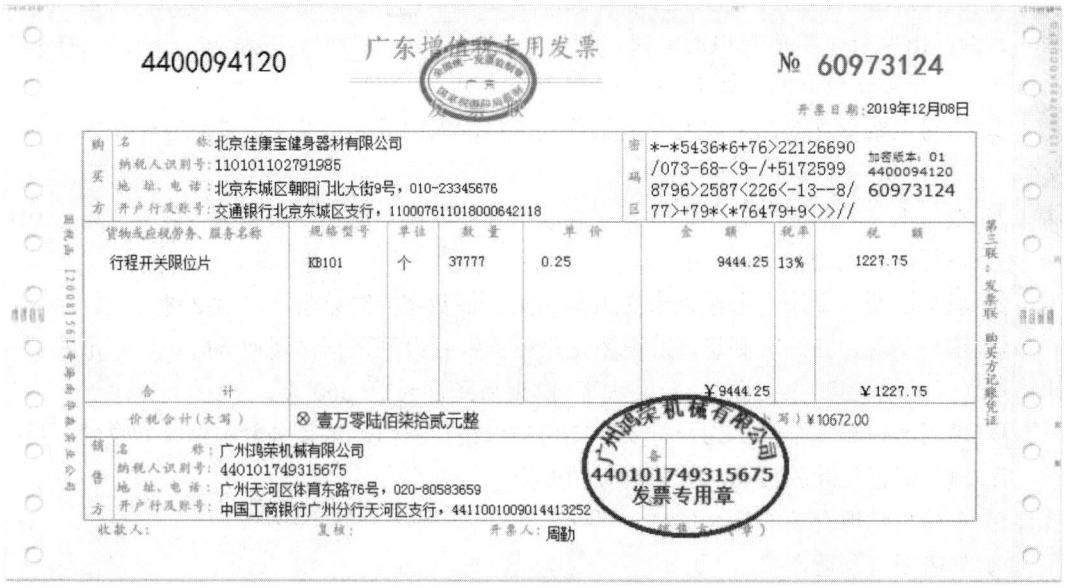

图 2-226　增值税专用发票

图 2-227　商业承兑汇票

操作提示：

商业汇票的到期日可以按月计算也可以按日计算。按月计算时，到期日为到期月的对日，如 2019 年 12 月 8 日出票、期限 2 个月的商业汇票，到期日为 2020 年 2 月 8 日。但月末签发的票据无论大小月均以到期月的月末为到期日。按日计算时，应按实际经历的天数计算，且算头不算尾，或算尾不算头。

(2) 会计主管、总经理审核商业承兑汇票，确认无误后在出票人处签章(见图 2-228)。

图 2-228　商业承兑汇票

(3) 承兑票据。会计主管、总经理在商业承兑汇票第二联"承兑人签章"处加盖预留银行印鉴(见图2-229)。

图2-229 承兑后的商业承兑汇票

操作提示：

商业汇票可以由付款人签发，也可以由收款人签发。商业汇票可以在出票时向付款人提示承兑后使用，也可以在出票后先使用再向付款人提示承兑。付款人承兑商业汇票，应当在汇票正面记载"承兑"字样和承兑日期并签章。定日付款或者出票后定期付款的商业汇票，持票人应当在汇票到期日前向付款人提示承兑。见票后定期付款的汇票，持票人应当自出票日起1个月内向付款人提示承兑。汇票未按照规定期限提示承兑的，持票人丧失对其前手的追索权。

商业汇票的付款人接到出票人或持票人向其提示承兑的汇票时，自收到提示承兑的汇票之日起3日内承兑或者拒绝承兑。付款人拒绝承兑的，必须出具拒绝承兑的证明。付款人承兑商业汇票，不得附有条件；承兑附有条件的，视为拒绝承兑。

(4) 商业承兑汇票交对方单位支付材料采购款。

(5) 制单会计根据采购发票、商业承兑汇票编制购买材料的转账凭证(见图2-230)。

(6) 会计主管审核记账凭证。审核完毕后的记账凭证交记账会计登记应付票据等明细账，出纳人员登记应付票据备查簿(见表2-4)。

图 2-230 记账凭证

表 2-4 应付票据备查簿

出票人	票据号码	汇票签发日	汇票到期日	票面金额	收款人/被背书人	备注
北京佳康宝	39008591	2019.12.08	2020.02.08	10672.00	广州鸿荣	

(7) 2020 年 2 月 9 日，佳康宝公司收到银行转来的商业承兑汇票托收凭证付款通知联(见图 2-231)，确认无误后，通知银行付款。

图 2-231 托收凭证付款通知联

操作提示：

商业承兑汇票的付款人开户银行收到通过委托收款寄来的商业承兑汇票及托收凭证，将商业承兑汇票留存，并及时通知付款人。付款人收到开户银行的付款通知，应在当日通知银行付款。付款人在接到通知日的次日起 3 日内(遇法定节假日顺延)未通知银行付款的，视同付款人承诺付款，银行应于付款人接到通知日的次日起第 4 日(遇法定节假日顺延)上午开始营业时，将票款划给持票人。银行办理划款时，付款人存款账户不足支付的，应填制付款人未付票款通知书，连同商业承兑汇票邮寄持票人开户银行转交持票人。付款人存在合法抗辩事由拒绝支付的，应自接到商业汇票的次日起 3 日内，将拒绝付款证明送交开户银行，银行将拒绝付款证明连同商业承兑汇票邮寄持票人开户银行转交持票人。

(8) 银行付款后，制单会计根据托收凭证付款通知联编制记账凭证(见图 2-232)。

图 2-232 付款凭证

(9) 会计主管审核记账凭证。审核完毕后的记账凭证交记账会计登记应付票据明细账，交出纳人员登记银行存款日记账(见图 2-233)及应付票据备查簿(见表 2-5)。主管会计、记账会计、出纳分别在记账凭证上签字(签字后的记账凭证略)。

图 2-233 银行存款日记账

表 2-5 应付票据备查簿

出票人	票据号码	汇票签发日	汇票到期日	票面金额	收款人/被背书人	备 注
北京佳康宝	39008591	2019.12.08	2020.02.08	10672.00	广州鸿荣	2020.02.10 付款

典型工作任务 3.4.2 商业承兑汇票收款

【任务描述】2019 年 12 月 10 日,佳康宝公司向上海富康按摩椅有限公司销售一批整机芯,销售价款为 13 015.2 元,开具了增值税专用发票,商品已发出。双方协商以商业承兑汇票结算货款,收到对方开具的 2 个月到期的商业承兑汇票。

【业务处理流程】

商业承兑汇票收款业务处理流程如图 2-234 所示。

岗位	业务员	制单会计	会计主管	记账会计	出纳	会计主管	总经理	银行柜员	制单会计	会计主管	记账会计	出纳
工作任务	传递单证	填制凭证	审核凭证	登记账簿	到期办理托收	审核签章	审核签章	办理托收	填制凭证	审核凭证	登记账簿	登记账簿
典型凭证记录	销售发票 商业承兑汇票	销售发票等 记账凭证	记账凭证	应收票据明细账	托收凭证 商业承兑汇票	托收凭证 商业承兑汇票	托收凭证 商业承兑汇票	托收凭证收账通知联 记账凭证	记账凭证	记账凭证	应收票据明细账	银行存款日记账

图 2-234 商业承兑汇票收款业务处理流程

【业务指导】

(1) 收到上海富康按摩椅有限公司交来的商业承兑汇票,制单会计依据增值税专用发票记账凭证联(见图 2-235)和商业承兑汇票(见图 2-236)编制记账凭证(见图 2-237)。

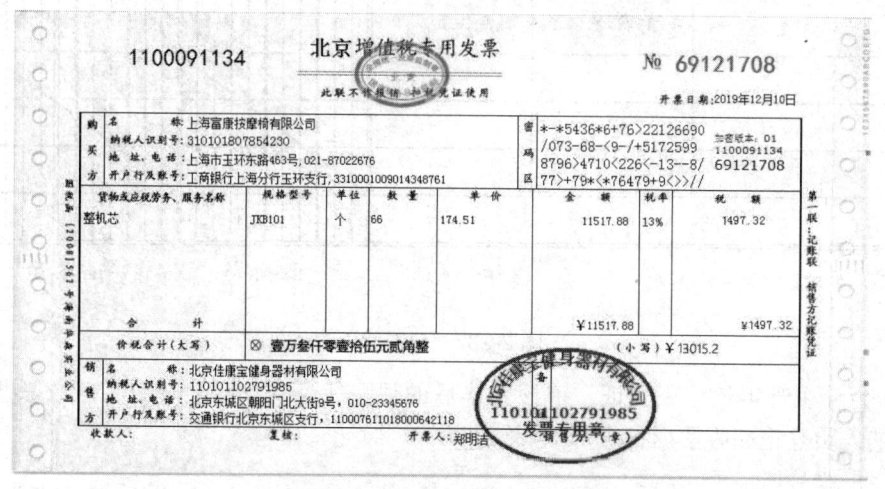

图 2-235 增值税专用发票

图 2-236 商业承兑汇票

记 账 凭 证

转 字第 XX 号

2019 年 12 月 10 日

摘 要	总账科目	明细科目	借方金额 亿千百十万千百十元角分	贷方金额 亿千百十万千百十元角分	√
销售整机芯	应收票据	上海富康	1 3 0 1 5 2 0		
	主营业务收入	整机芯		1 1 5 1 7 8 8	
	应交税费	应交增值税（销项税额）		1 4 9 7 3 2	
	合 计		¥1 3 0 1 5 2 0	¥1 3 0 1 5 2 0	

会计主管：　　　　记账：　　　　复核：　　　　出纳：　　　　制单：米乐

图 2-237 记账凭证

(2) 会计主管审核记账凭证。审核完毕后的记账凭证交记账会计登记应收票据等明细账，出纳人员登记应收票据备查簿（见表 2-6）。

表2-6 应收票据备查簿

出票人	票据号码	汇票签发日	汇票到期日	票面金额	收款人/被背书人	贴现金额	备注
上海富康	36780551	2019.12.10	2020.02.10	13015.20	北京佳康宝		

(3) 2020年2月10日票据到期。2021年2月11日出纳人员在商业承兑汇票背面进行背书(见图2-238)，并填写托收凭证(见图2-239)，到银行办理商业承兑汇票到期收款。

图2-238 商业承兑汇票背面

操作提示：

商业汇票办理委托收款时应进行背书。背书必须记载被背书人名称和背书人签章；未记载上述事项之一的，背书无效。背书时应当记载背书日期；未记载背书日期的，视为在汇票到期日前背书。

背书记载"委托收款"的，被背书人有权利代背书人行使被委托的汇票权利，但被背书人不得再背书转让汇票权利。

背书不得附有条件。背书时附有条件的，所附条件不具有票据上的效力。将汇票的一部分转让的背书或将汇票金额分别转让给两人以上的背书无效。

背书信息应当记载在商业汇票的背面或粘单上，不得记载在票据正面。如果背书记载在票据正面，则背书无效。

图 2-239 托收凭证第一联

操作提示：

在汇票到期日，收款人应填写一式五联的托收凭证，在其中"托收凭据名称"栏内注明"商业承兑汇票"字样及汇票号码，在商业承兑汇票的正联背面加盖预留银行的印鉴章，将商业承兑汇票和托收凭证一起送交开户银行，委托其开户行收款。银行审查无误后，办理收款手续，并将盖章后的托收凭证第一联交收款单位作为收款通知，按照规定办理汇票收款业务。

(4) 会计主管、总经理审核委托收款托收凭证，确认无误后在商业承兑汇票背面(见图 2-240)及托收凭证贷方凭证联(见图 2-241)上分别加盖财务专用章及法人名章。

图 2-240 商业承兑汇票背面

图 2-241 托收凭证贷方凭证联

(5) 出纳人员去银行办理委托收款业务，银行受理托收业务并加盖银行业务受理章(见图 2-242)。

图 2-242 托收凭证受理回单联

(6) 开户银行收取款项后,出纳人员将银行转来的托收凭证收账通知联(见图 2-243)交制单会计，由制单会计编制记账凭证(见图 2-244)。

图 2-243　托收凭证收账通知联

图 2-244　收款凭证

(7) 制单会计将编制的记账凭证交会计主管审核。审核完毕后的记账凭证交记账会计登记应收票据明细账，交出纳人员登记银行存款日记账(见图 2-245)及应收票据备查簿(见表 2-7)。记账会计、出纳分别在记账凭证上签字(签字后的记账凭证略)。

银行存款日记账

2020年		凭证		对方科目	摘要	借方											贷方											借或贷	余额											✓
月	日	种类	号数			亿	千	百	十	万	千	百	十	元	角	分	亿	千	百	十	万	千	百	十	元	角	分		亿	千	百	十	万	千	百	十	元	角	分	
2	1				期初余额																							借				8	9	7	5	3	2	0	0	
2	10	银付	略	应付票据	商业汇票到期付款															1	0	6	7	2	0	0	借							略					
2	14	银收	略	应收票据	收到商业汇票款				1	3	0	1	5	2	0													借							略					

图 2-245 银行存款日记账

表 2-7 应收票据备查簿

出票人	票据号码	汇票签发日	汇票到期日	票面金额	收款人/被背书人	贴现金额	备注
上海富康	36780551	2019.12.10	2020.02.10	13015.20	北京佳康宝		2020.02.14 收款

典型工作任务 3.4.3　银行承兑汇票付款

【任务描述】2019 年 12 月 1 日,佳康宝公司从北京川宏机电有限公司购入一批电源线组件,价税合计 800 000 元。双方在合同中约定以银行承兑汇票进行结算。2018 年 12 月 3 日,佳康宝公司向银行申请 3 个月期、金额为 800 000 元的银行承兑汇票,用以支付该笔货款。

【业务处理流程】

银行承兑汇票付款业务处理流程如图 2-246 所示。

岗位	出纳	会计主管	总经理	银行	出纳	会计主管	总经理	银行	出纳	银行	制单会计	会计主管	记账会计	出纳
工作任务	准备资料	审核签章	审核签章	签订承兑协议	签发汇票	审核签章	签章	承兑票据	支付款项	到期付款	填制凭证	审核凭证	登记账簿	登记账簿
典型凭证记录	银行承兑汇票申请书等	银行承兑汇票申请书等	银行承兑汇票申请书等	银行承兑汇票申请书等、银行承兑协议	银行承兑汇票	银行承兑汇票	银行承兑汇票	银行承兑汇票	托收凭证付款通知联	托收凭证付款通知联、记账凭证	记账凭证	应付票据等明细账	银行存款日记账

图 2-246 银行承兑汇票付款业务处理流程

【业务指导】

(1) 出纳人员根据采购发票(见图 2-247)填写银行承兑汇票申请书(见图 2-248),准备申请办理银行承兑汇票的相关资料。

申请办理银行承兑汇票时向开户银行提交的资料如下。

① 银行承兑汇票申请书，包括汇票的金额、期限和用途，以及承兑申请人承诺汇票到期无条件兑付票款等事项。

② 营业执照复印件。

③ 法人代表身份证明、经办人身份证明及其复印件。

④ 股东会决议。

⑤ 购销合同及其复印件。

⑥ 增值税专用发票及其复印件。

⑦ 上年度和当期的资产负债表、利润表和现金流量表。

⑧ 需要提供担保的，提交保证人有关资料。

⑨ 银行要求提供的其他资料。

操作提示：

银行承兑汇票的出票人必须具备下列条件。

① 在承兑银行开立存款账户的法人以及其他组织。

② 与承兑银行具有真实的委托付款关系。

③ 资信状况良好，具有支付汇票金额的可靠资金来源。

银行承兑汇票的承兑银行必须具备下列条件。

① 与出票人具有真实的委托付款关系。

② 具有支付汇票金额的可靠资金。

③ 内部管理完善，经其法人授权的银行审定。

图 2-247　采购发票

交通银行 北京 分行
承兑汇票申请书

编号：001205

我单位遵守中国人民银行《商业汇票办法》的一切规定，向贵行申请承兑。票据内容如下：

申请单位全称	北京佳康宝健身器材有限公司	开户银行全称	交通银行北京东城区支行	账号	110007611018000642118
汇票号码	78791082				
汇票金额(大写)	捌拾万元整				
出票日期(大写)	贰零壹玖年壹拾贰月零叁日				
汇票到期日(大写)	贰零贰零年零叁月零叁日				
承兑单位或承兑银行	交通银行北京东城区支行				
收款人资料	收款人全称	北京川宏机电有限公司			
	收款人开户行	中国工商银行北京分行朝阳日			
	收款人账户	1100001009014457101			
申请承兑合计金额	捌拾万元整				

申请承兑的原因和用途：
支付货款

申请单位
（公章）

法人代表
签　章：

2019年　12月　03日

注：本申请书一式叁份，两份提交银行，壹份由申请单位自留。

第一联：人民银行留存

图 2-248　银行承兑汇票申请书

(2) 会计主管、总经理审核银行承兑汇票申请书无误后，加盖单位公章和法人名章(见图 2-249)。

交通银行 北京 分行
承兑汇票申请书

编号：001205

我单位遵守中国人民银行《商业汇票办法》的一切规定，向贵行申请承兑。票据内容如下：

申请单位全称	北京佳康宝健身器材有限公司	开户银行全称	交通银行北京东城区支行	账号	11000761101800064211 8
汇票号码	78791082				
汇票金额(大写)	捌拾万元整				
出票日期(大写)	贰零壹玖年壹拾贰月零叁日				
汇票到期日(大写)	贰零贰零年零叁月零叁日				
承兑单位或承兑银行	交通银行北京东城区支行				
收款人资料	收款人全称	北京川宏机电有限公司			
	收款人开户行	中国工商银行北京分行朝阳区			
	收款人账户	1100001009014457101			
申请承兑合计金额	捌拾万元整				

申请承兑的原因和用途：
支付货款

申请单位（公章）　　　　　　法人代表签章

2019年 12月 03日

第一联：人民银行留存

注：本申请书一式叁份，两份提交银行，壹份由申请单位自留。

图 2-249　银行承兑汇票申请书(已审核)

(3) 出纳人员将申请银行承兑汇票的材料送交银行，银行审核通过后，双方签订银行承兑汇票承兑协议。银行承兑汇票承兑协议一式两联，内容主要包括汇票的基本内容、承兑申请人应遵守的基本条款等(见图 2-250)。

银行承兑汇票承兑协议

编号：09120800

收款人（全称）：北京川宏机电有限公司
开户银行：中国工商银行北京分行朝阳区支行
账号：11000010090144457101

付款人全称：北京佳康宝健身器材有限公司
开户银行：交通银行北京东城区支行
账号：110007611018000642118

银行承兑汇票号码：78791082   汇票金额（大写）：__人民币捌拾万元整__
签发日期：2019 年 12 月 03 日   到期日期：2020 年 03 月 03 日

以上汇票经承兑银行承兑，承兑申请人（下称申请人）愿遵守《支付结算办法》规定的下列条款：

1. 申请人于汇票到期日前无条件将应付票据款（以下称票款）足额交存承兑人。
2. 承兑手续费按票面金额的万分之（五）计算，在承兑人同意承兑时一次付清。
3. 承兑汇票如发生任何交易纠纷，均由收付双方自行处理。票款于到期前仍按第一条办理无误。
4. 承兑汇票到期日，承兑银行凭票无条件支付票款。如到期日之前申请人不能足额交付票款时，承兑银行对不足支付部分的票款转作承兑申请人逾期贷款，并按照有关规定计收罚息。
5. 承兑汇票款付清后，本协议自动失效。本协议第一、二联分别由承兑银行信贷部门和承兑申请人存执，协议副本由银行会计部门存查。

承兑银行   承兑申请人
法定代表人（或授权代理人）   法定代表人（或授权代理人）
                                            签约日期：2019 年 12 月 03 日

图 2-250 银行承兑汇票承兑协议

(4) 出纳人员签发银行承兑汇票(见图 2-251)。

图 2-251 银行承兑汇票正联

(5) 会计主管、总经理审核银行承兑汇票无误后，分别加盖财务专用章和法人名章(见图 2-252)。

图 2-252 银行承兑汇票正联(已审核并签章)

(6) 出纳人员将填制好的银行承兑汇票交开户银行办理承兑，开户银行在银行承兑汇票第二联承兑银行盖章处签章(见图 2-253)。承兑银行按票面金额的万分之五收取承兑手续费，手续费付款通知书如图 2-254 所示。

图 2-253 承兑后银行承兑汇票

图 2-254 手续费付款通知书

操作提示：

付款单位办理银行承兑汇票承兑手续时，应向承兑银行支付手续费，由其开户行从付款单位账户中扣收。按照规定，银行承兑汇票手续费按票面金额的 0.05% 计收，每笔手续费不足 10 元的，按 10 元计收。

(7) 银行承兑汇票交对方单位支付货款。

(8) 制单会计根据银行承兑汇票编制支付材料款的转账凭证(见图 2-255)，根据银行手续费付款通知书编制支付承兑手续费的付款凭证(见图2-256)。

记 账 凭 证

转字第XX号

2019 年 12 月 4 日

摘要	总账科目	明细科目	借方金额	贷方金额
支付材料款	应付账款	北京川宏	800000 00	
	应付票据	北京川宏		800000 00
	合 计		¥800000 00	¥800000 00

会计主管:　　　　　记账:　　　　复核:　　　　　出纳:　　　　制单: 米乐

附件 1 张

图 2-255　记账凭证

付 款 凭 证

出纳编号 _____

贷方科目: 银行存款　　　2019 年 12 月 4 日　　　制单编号 略

对方单位	摘要	借方科目		金额	记账符号
		总账科目	明细科目	千百十万千百十元角分	
	银行承兑汇票手续费	财务费用	手续费	400 00	
	合 计			¥400 00	

会计主管　　　记账　　　稽核　　　出纳　　　制单 米乐

附凭证 1 张

图 2-256　付款凭证

(9) 会计主管审核记账凭证。审核完毕后的记账凭证交记账会计登记应付票据等明细账,交出纳人员登记银行存款日记账(见图2-257)及应付票据备查簿(见表2-8)。主管会计、记账会计、出纳分别在记账凭证上签字(签字后的记账凭证略)。

银行存款日记账

2019年		凭证		对方科目	摘要	借方	贷方	借或贷	余额	√
月	日	种类	号数			亿千百十万千百十元角分	亿千百十万千百十元角分		亿千百十万千百十元角分	
12	1				期初余额			借	788000 00	
					……					
12	4	银付	略	财务费用	银行承兑汇票手续费		400 00	借	略	

图 2-257　银行存款日记账

表 2-8　应付票据备查簿

出票人	票据号码	汇票签发日	汇票到期日	票面金额	收款人/被背书人	备　注
北京佳康宝	78791082	2019.12.03	2020.03.03	800000.00	北京川宏	
北京佳康宝	39008591	2019.12.08	2020.02.08	10672.00	广州鸿荣	

(10) 2020年3月4日，佳康宝公司收到银行转来的银行承兑汇票托收凭证付款通知联(见图2-258)，制单会计编制记账凭证(见图2-259)。

图 2-258　托收凭证付款通知联

操作提示：

按照银行承兑汇票承兑协议的规定，付款单位(申请人)应于银行承兑汇票到期前将票款足额地交存其开户银行(承兑银行)。承兑银行应在汇票到期日或到期日后的见票当日支付票款。承兑银行存在合法抗辩事由拒绝支付的，应自接到银行承兑汇票的次日起3日内，出具拒绝付款证明，连同银行承兑汇票邮寄持票人开户银行转交持票人。银行承兑汇票的出票人于汇票到期日未能足额交存票款时，承兑银行除凭票向持票人无条件付款外，对出票人尚未支付的汇票金额按照每天万分之五计收利息。

付 款 凭 证

贷方科目：银行存款　　2020 年 3 月 4 日　　出纳编号：_____
　　　　　　　　　　　　　　　　　　　　　制单编号：略

对方单位	摘要	借方科目		金额	记账符号
		总账科目	明细科目	千百十万千百十元角分	
	银行承兑汇票到期付款	应付票据	北京川宏	8 0 0 0 0 0 0 0	
	合计			￥8 0 0 0 0 0 0 0	

附凭证 1 张

会计主管　　　记账　　　稽核　　　出纳　　　制单 米乐

图 2-259　付款凭证

(11) 会计主管审核记账凭证。审核完毕后的记账凭证交记账会计登记应付票据明细账，交出纳人员登记银行存款日记账(见图 2-260)及应付票据备查簿(审核后)(见表 2-9)。会计主管、记账会计、出纳分别在记账凭证上签字(签字后的记账凭证略)。

银行存款日记账

2020年		凭证		对方科目	摘要	借方	贷方	借或贷	余额	√
月	日	种类	号数			亿千百十万千百十元角分	亿千百十万千百十元角分		亿千百十万千百十元角分	
3	1				期初余额			借	1 3 7 7 9 0 0 0 0	
					……					
3	4	银付	略	应付票据	银行承兑汇票到期付款		8 0 0 0 0 0 0 0	借	略	

图 2-260　银行存款日记账

表 2-9　应付票据备查簿(审核后)

出票人	票据号码	汇票签发日	汇票到期日	票面金额	收款人/被背书人	备注
北京佳康宝	78791082	2019.12.03	2020.03.03	800000.00	北京川宏	2020.03.04 付款
北京佳康宝	39008591	2019.12.08	2020.02.08	10672.00	广州鸿荣	2020.02.10 付款

典型工作任务 3.4.4　银行承兑汇票收款

【任务描述】2019 年 12 月 10 日,佳康宝公司收到的面值 300 000 元的银行承兑汇票到期。该汇票为北京天健健身器材有限公司于 2019 年 8 月 10 日出具,期限为 4 个月。佳康宝公司将该银行承兑汇票委托银行办理收款。

【业务处理流程】

银行承兑汇票收款业务处理流程如图 2-261 所示。

岗位	业务员	制单会计	会计主管	记账会计	出纳	会计主管	总经理	银行柜员	制单会计	会计主管	记账会计	出纳
工作任务	传递单证	填制凭证	审核凭证	登记账簿	到期办理托收	审核签章	审核签章	办理托收	填制凭证	审核凭证	登记账簿	登记账簿
典型凭证记录	银行承兑汇票等	银行承兑汇票复印件等 记账凭证	记账凭证	应收票据明细账	托收凭证 银行承兑汇票	托收凭证 银行承兑汇票	托收凭证 银行承兑汇票	托收凭证 银行承兑汇票	托收凭证收账通知联 记账凭证	记账凭证	应收票据明细账	银行存款日记账

图 2-261　银行承兑汇票收款业务处理流程

【业务指导】

(1) 收到银行承兑汇票,制单会计依据银行承兑汇票复印件(见图 2-262)编制记账凭证(见图 2-263)。

图 2-262　银行承兑汇票正联

图 2-263　记账凭证

(2) 会计主管审核记账凭证。审核完毕后的记账凭证交记账会计登记应收账款明细账和应收票据明细账,出纳人员登记应收票据备查簿(见表 2-10)。会计主管和记账会计在记账凭证上签字(签字后的记账凭证略)。

表 2-10　应收票据备查簿

出票人	票据号码	汇票签发日	汇票到期日	票面金额	收款人/被背书人	贴现金额	备注
北京天健	77701283	2019.08.10	2019.12.10	300000.00	北京佳康宝		

(3) 2019 年 12 月 10 日票据到期。2019 年 12 月 11 日出纳人员在银行承兑汇票背面进行背书(见图 2-264),并填写一式五联的托收凭证(见图 2-265),到银行办理银行承兑汇票到期收款。

图 2-264　银行承兑汇票背面

图 2-265　托收凭证

(4) 出纳人员将填好的托收凭证和银行承兑汇票交财务经理和总经理进行审核。财务经理审核完毕后,加盖财务专用章;总经理审核完毕后,加盖法人名章(见图 2-266、图 2-267)。

图 2-266 商业承兑汇票背面

图 2-267 托收凭证

(5) 出纳人员将审核无误的银行承兑汇票和托收凭证送交银行,委托银行收款。银行受理后将托收凭证受理回单联(见图 2-268)交申请人。

图 2-268 托收凭证受理回单联

(6) 开户银行收取款项后，出纳人员将银行转来的托收凭证收账通知联(见图 2-269)交制单会计，由制单会计编制记账凭证(见图 2-270)。

图 2-269 托收凭证收账通知联

收 款 凭 证

出纳编号 _____

借方科目：**银行存款**　　2019年 12月 11日　　制单编号 **略**

对方单位	摘要	贷方科目		金额	记账符号
		总账科目	明细科目	千百十万千百十元角分	
	收到银行承兑汇票款	应收票据	北京天健	300000 00	
		合　计		￥300000 00	

会计主管　　　　记账　　稽核　　　　出纳　　　制单 **米乐**

图 2-270　收款凭证

(7) 制单会计将编制的记账凭证交会计主管审核。审核完毕后的记账凭证交记账会计登记应收票据明细账，交出纳人员登记银行存款日记账(见图 2-271)及应收票据备查簿(见表 2-11)。记账会计、出纳分别在记账凭证上签字(签字后的记账凭证略)。

银行存款日记账

2019年		凭证		对方科目	摘要	借方	贷方	借或贷	余额	√
月	日	种类	号数			亿千百十万千百十元角分	亿千百十万千百十元角分		亿千百十万千百十元角分	
12	1				期初余额			借	78800 00	
12	4	银付	略	财务费用	银行承兑汇票手续费 ……		400 00	借	略	
12	11	银收	略	应收票据	收到银行承兑汇票款 ……	300000 00		借	略	

图 2-271　银行存款日记账

表 2-11　应收票据备查簿

出票人	票据号码	汇票签发日	汇票到期日	票面金额	收款人/被背书人	贴现金额	备注
北京天健	77701283	2019.08.10	2019.12.10	300000.00	北京佳康宝		2019.12.11 收款
上海富康	36780551	2019.12.10	2020.02.10	13015.240	北京佳康宝		

典型工作任务 3.4.5 商业汇票贴现

【任务描述】2019 年 12 月 14 日，佳康宝公司因经营需要将到期日为 2019 年 1 月 15 日、3 个月期限的银行承兑汇票到银行贴现，年贴现率为 4.8%。(异地结算贴现期加算 3 天)

【业务处理流程】

商业汇票贴现业务处理流程如图 2-272 所示。

图 2-272 商业汇票贴现业务处理流程

【业务指导】

(1) 出纳人员准备申请办理银行承兑汇票贴现的相关资料。

① 银行承兑汇票及其复印件(见图 2-273)。

② 营业执照复印件。

③ 税务登记证复印件。

④ 组织机构代码证复印件。

⑤ 法人代表身份证明、经办人身份证明及其复印件。

⑥ 股东会决议。

⑦ 购销合同及其复印件。

⑧ 增值税专用发票及其复印件。

⑨ 银行要求提供的其他资料。

图 2-273　银行承兑汇票

(2) 出纳人员对银行承兑汇票进行背书(见图 2-274)。

被背书人 交行北京东城区支行	被背书人	被背书人	（贴粘单处）
背书人签章 2019 年 12 月 14 日	背书人签章 年　月　日	背书人签章 年　月　日	

图 2-274　银行承兑汇票背面

(3) 出纳人员填写银行承兑汇票贴现合同及贴现凭证(见图 2-275)。

图 2-275　贴现凭证

操作提示：

商业汇票的持票人向银行办理贴现必须具备下列条件。

① 在银行开立存款账户的企业法人以及其他组织。

② 与出票人或者直接前手之间具有真实的商品交易关系。

③ 提供与其直接前手之间的增值税专用发票和商品发运单据复印件。

(4) 出纳人员将填好的银行承兑汇票(见图 2-276)、银行承兑汇票贴现合同(见图 2-277)、贴现凭证(见图 2-278)等资料交财务经理和总经理进行审核。财务经理审核完毕后，加盖财务专用章；总经理审核完毕后，加盖单位公章及法人名章。

图 2-276　银行承兑汇票背面

银行承兑汇票贴现合同

贴字 [2019] 第 000186 号

贴现人：<u>交通银行北京东城区支行</u>   （以下称甲方）

贴现申请人：<u>北京佳康宝健身器材有限公司</u>   （以下称乙方）

乙方因生产或生活需要，持下列壹张未到期的银行承兑汇票金额人民币 <u>100000.00</u> ，向甲方申请贴现，银行承兑汇票的具体内容如下：

收款人	全称	北京佳康宝健身器材有限公司		
	开户银行	交通银行北京东城区支行	账号	110007611018000642118
出票人	全称	上海婷美健身器材有限公司		
	开户银行	交通银行上海西城区支行	账号	331001591018000642589
	承兑汇票	银行承兑汇票	汇票编号	88791082
	出票日期	贰零壹玖年零壹拾月壹拾伍日	到期日期	贰零贰零年零壹月壹拾伍日

甲方经审查，同意办理乙方上列汇票的贴现。现甲、乙双方依照《中华人民共和国票据法》、中国人民银行《支付结算方法》、《贷款通则》等有关规定，经过友好协商，就下列条款达成一致，特订立本合同。

一、贴现利率为：月利率 <u>4‰</u> 。

二、贴现期限：自<u>贰零壹玖</u>年 <u>壹拾贰</u> 月 <u>壹拾肆</u> 日至 <u>贰零贰零</u>年 <u>零壹</u> 月 <u>壹拾伍</u> 日止。

三、在上列汇票到期前，甲方依据有关规定及时向汇票承兑人或付款人提示付款。如甲方实际收妥贴现票款的时间超过贴现天数，按照逾期贷款规定计收罚息。甲方有权从乙方存款账户扣收有关金额。

四、本合同有效期间，甲方有权检查乙方的经营活动情况，乙方应予配合并定期向甲方报送真实的会计报表及生产经营计划。

五、保证条款：

1、乙方将真实、有效并经甲方认可的上列银行承兑汇票交甲方持有；

2、上列银行承兑汇票应以转让背书方式转至甲方名下；

3、乙方应将与其直接前手之间的增值税发票原件及复印件、商品交易合同及商品发运单据复印件提供给甲方；

4、甲方对乙方保留完全的无条件的追索权，一旦甲方及时向汇票付款人提示付款，遭汇票付款人拒付，至本合同项下全部汇票金额不能如期足额收回时，乙方必须无条件承担清偿全部汇票本金、应付利息（包括逾期罚息）及甲方为实现本合同项下债权发生的所有费用的责任；

5、乙方向甲方郑重声明，贴现项下所依据的"交易合同"是合法的、真实的、绝无任何虚伪或欺诈情形。如甲方发现乙方办理贴现的动机在于套取资金时，乙方自愿承担由此引起的一切法律责任并立即按汇票金额向甲方全额赎回上述汇票。乙方对此无任何异议。

六、乙方如遇机构调整及经济结构发生变化，危及甲方资金安全时，甲方有权要乙方提前归还贴现款项，以赎回票据。乙方对此无任何异议。

七、贴现凭证（可代申请书）为本合同不可分割的部分，具有同等法律效力。

八、本合同适用中华人民共和国法律，如甲、乙双方发、纠纷争议，应通过协商解决。协商不成的，任一方可以：

向贴现银行所在地人民法院起诉或向 <u>北京</u>   仲裁委员会申请裁决。

本合同经办理赋予强制执行效力的公证后，若本合同项下贴现期限届满，甲方未获汇票付款人支付全额票款，乙方亦未按本合同支付全部汇票金额的，甲方有权直接向有管辖权人民法院申请对乙方的强制执行。

九、如本贴现有保证人的，保证人应对贴现的汇票、本金、应付利息（包括逾期罚息）及甲方为实现本合同下债权发生的所有费用承担连带责任保证。

十、其它约定事项：

十一、本合同正式一式 <u>二</u> 份，甲、乙双方各执一份。本合同自签章之日起生效。

甲方：（签章）   乙方：（签章）

法定代表人（授权代理人）（签章）   法定代表人（委权代理人）（签章）

签署日期：   年   月   日   签署日期：   年   月 14 日

图 2-277 银行承兑汇票贴现合同

图 2-278 贴现凭证

(5) 出纳人员将审核无误的银行承兑汇票、银行承兑汇票贴现合同、贴现凭证及其他资料送交银行，向银行申请银行承兑汇票贴现。银行办理完毕后，将盖章后的贴现凭证收款通知联(见图 2-279)和银行承兑汇票贴现合同第一联(见图 2-280)交申请人。

图 2-279 贴现凭证收款通知联

图 2-280 银行承兑汇票贴现合同第一联

操作提示：

符合条件的商业汇票的持票人可持未到期的商业汇票连同贴现凭证向银行申请贴现。贴现银行可持未到期的商业汇票向其他银行转贴现，也可向中国人民银行申请再贴现。贴现、转贴现、再贴现时，应做成转让背书，并提供贴现申请人与其直接前手之间的增值税专用发票和商品发运单据复印件。

贴现、转贴现和再贴现的期限从其贴现之日起至汇票到期日止。实付贴现金额按票面金额扣除贴现日至汇票到期前 1 日的利息计算。承兑人在异地的，贴现、转贴现和再贴现的期限以及贴现利息的计算应另加 3 天的划款日期。

贴现、转贴现、再贴现到期，贴现、转贴现、再贴现银行应向付款人收取票款。不获付款的，贴现、转贴现、再贴现银行应向其前手追索票款。贴现、再贴现银行追索票款时可从申请人的存款账户收取票款。

(6) 制单会计根据银行承兑汇票正联复印件、银行承兑汇票贴现合同和贴现凭证(收账通知联)编制记账凭证(见图 2-281)。

收款凭证

借方科目：银行存款　　2019年 12月 14日　　出纳编号____　制单编号 略

对方单位	摘要	贷方科目		金额	记账符号
		总账科目	明细科目	千百十万千百十元角分	
	银行承兑汇票贴现	应收票据	上海婷美	10000000	
		财务费用	贴现息	46667	
		合计		¥9953333	

会计主管　　记账　　稽核　　出纳　　制单 米乐

附凭证 3 张

图 2-281　收款凭证

(7) 会计主管审核记账凭证。审核完毕后的记账凭证交记账会计登记应收票据明细账和财务费用明细账，交出纳人员登记银行存款日记账(见图 2-282)及应收票据备查簿(见表 2-12)。会计主管、记账会计、出纳分别在记账凭证上签字(签字后的记账凭证略)。

银行存款日记账

2019年		凭证		对方科目	摘要	借方	贷方	借或贷	余额	√
月	日	种类	号数			亿千百十万千百十元角分	亿千百十万千百十元角分		亿千百十万千百十元角分	
12	1				期初余额			借	78800000	
					……					
12	4	银付	略	财务费用	银行承兑汇票手续费		40000	借	略	
					……					
12	11	银收	略	应收票据	收到银行承兑汇票款	30000000		借	略	
					……					
12	14	银收	略	应收票据	银行承兑汇票贴现	9953333		借	略	

图 2-282　银行存款日记账

表 2-12 应收票据备查簿

出票人	票据号码	汇票签发日	汇票到期日	票面金额	收款人/被背书人	贴现金额	备注
北京天健	77701283	2019.08.10	2019.12.10	300000.00	北京佳康宝		2019.12.11 收款
上海婷美	88791082	2019.10.15	2020.01.15	100000.00	北京佳康宝	99533.33	2019.12.14 向银行贴现
上海富康	36780551	2019.12.10	2020.02.10	13015.20	北京佳康宝		

同 步 练 习

一、单项选择题

1. 票据出票日期为 3 月 20 日，正确的填写应为(　　)。
   A. 零叁月贰拾日　B. 叁月零贰拾日　C. 零三月二十日　D. 叁月贰拾日
2. 下列选项中，不属于支票基本当事人的是(　　)。
   A. 出票人　　　　B. 收款人　　　　C. 付款人　　　　D. 背书人
3. 根据《票据法》的规定，关于支票的说法正确的是(　　)。
   A. 支票的收款人可以由出票人授权补记
   B. 支票的金额不可授权补记
   C. 支票的提示付款期限为出票日起 1 个月
   D. 持票人提示付款时，支票的出票人账户金额不足的，银行应先向持票人支付票款
4. 支票的提示付款期限自(　　)起 10 日，遇法定节假日顺延。
   A. 出票日　　　　B. 提示付款日　　C. 出票日次日　　D. 提示付款日次日
5. 签发空头、与预留印鉴不符、支付密码错误的支票，银行应予以退票，并按照票面金额处以 5% 但不低于(　　)元的罚款。
   A. 500　　　　　 B. 1 000　　　　 C. 2 000　　　　 D. 10 000
6. 支票的签发人为(　　)。
   A. 收款人　　　　B. 付款人　　　　C. 收款人开户行　D. 付款人开户行
7. 银行本票的提示期限为自出票日起(　　)内。
   A. 10 日　　　　 B. 1 个月　　　　C. 2 个月　　　　D. 6 个月
8. 银行本票的签发人为(　　)。
   A. 收款人　　　　　　　　　　　　B. 付款人
   C. 收款人开户行　　　　　　　　　D. 付款人开户行

9. 银行汇票的提示期限为自出票日起( )内。
   A. 10 日   B. 1 个月   C. 2 个月   D. 6 个月
10. 银行汇票是由出票银行签发的，由其在见票时按照( )无条件支付给收款人或持票人的票据。
    A. 确定金额   B. 实际结算金额
    C. 银行确定金额   D. 任意金额
11. 以下关于承兑的表述中，正确的是( )。
    A. 汇票、本票和支票都有承兑
    B. 商业承兑汇票只能由付款人签发并承兑
    C. 商业承兑汇票只能由收款人签发交由付款人承兑
    D. 承兑是指汇票付款人承诺在汇票到期日支付汇票金额的票据行为
12. 商业汇票的付款期限，最长为( )。
    A. 1 个月   B. 2 个月   C. 6 个月   D. 1 年
13. 商业汇票的签发人为( )。
    A. 收款人   B. 付款人
    C. 收款人开户行   D. 付款人或收款人
14. 以下银行结算方式，可以同城结算也可以异地结算的是( )。
    A. 现金支票   B. 转账支票   C. 银行本票   D. 银行汇票
15. 以下银行结算方式，仅可以同城结算的是( )。
    A. 银行本票   B. 银行汇票   C. 银行承兑汇票   D. 商业承兑汇票
16. 下列结算方式要求银行开立存款账户的法人以及其他组织之间必须具有真实的交易关系或债权债务关系的是( )。
    A. 银行汇票   B. 银行本票   C. 商业汇票   D. 转账支票
17. 下列各项中，不符合票据和结算凭证填写要求的是( )。
    A. 票据的出票日期使用阿拉伯数字填写
    B. 中文大写金额数字到"元"为止的，在"元"之后，应写"整"字
    C. 阿拉伯小写金额数字前面，均填写人民币符号
    D. 将出票日期 2 月 12 日写成零贰月壹拾贰日
18. 根据票据法律制度的规定，( )是适用于支票的付款方式。
    A. 出票后定期付款   B. 见票即付
    C. 定日付款   D. 见票后定期付款
19. 票据出票的大写日期未按要求规范填写的，银行可以受理，但由此造成的损失，由( )承担。
    A. 付款人   B. 收票人   C. 银行   D. 出票人
20. 填写票据时，¥1 510.31 的大写金额为( )。
    A. 人民币壹仟伍佰壹拾元零叁角壹分
    B. 人民币壹仟伍佰壹拾元零叁角壹分整
    C. 人民币壹仟伍佰拾元叁角壹分
    D. 人民币壹仟伍佰拾元叁角壹分整

二、多项选择题

1. 我国《票据法》所规定的票据包括(　　)。
   A. 银行汇票　　B. 银行本票　　C. 商业汇票　　D. 支票
2. 关于支票的办理和使用要求,下列表述正确的有(　　)。
   A. 出票人不得签发与其预留银行签章不符的支票
   B. 出票人签发空头支票,银行应予以退票,并按票面金额处以 5%但不高于 1 000 元的罚款
   C. 持票人可以委托开户银行收款或直接向付款人提示付款
   D. 签发支票应使用碳素墨水或墨汁填写,中国人民银行另有规定的除外
3. 根据《票据法》的规定,支票的记载事项可以授权补记的有(　　)。
   A. 付款人名称　　B. 收款人名称　　C. 出票日期　　D. 金额
4. 填写票据结算凭证金额 109 000.62 元,可以写成人民币(　　)。
   A. 壹拾万玖仟元零陆角贰分　　B. 壹拾万玖仟元陆角贰分
   C. 壹拾万零玖仟元陆角贰分　　D. 壹拾万玖仟元陆角贰分整
5. 单位和个人都可以采用的结算方式有(　　)。
   A. 支票　　B. 银行本票　　C. 银行汇票　　D. 商业汇票
6. 下列属于支票结算方式优点的有(　　)。
   A. 付款人费用低　　B. 付款人操作简单
   C. 为付款人多留存款余额　　D. 同城异地都可使用
7. 下列属于银行本票结算方式优点的有(　　)。
   A. 付款人费用低　　B. 信誉度高,支付能力强
   C. 提示付款期时间长　　D. 见票即付,实时到账
8. 下列属于银行汇票结算方式优点的有(　　)。
   A. 付款人费用低　　B. 信誉度高,支付能力强
   C. 提示付款期时间长　　D. 同城异地都可使用
9. 商业汇票按承兑人不同,可划分为(　　)。
   A. 商业承兑汇票　B. 银行承兑汇票　C. 现金银行汇票　D. 转账银行汇票
10. 下列属于商业汇票结算方式优点的有(　　)。
    A. 付款人费用低　　B. 信誉度高,支付能力强
    C. 提示付款期时间长　　D. 同城异地都可使用

三、判断题

1. 票据和结算凭证的金额必须以中文大写和阿拉伯数字同时记载,二者必须一致,否则以中文大写为准。(　　)
2. 支票结算方式既可同城使用,也可异地使用。(　　)
3. 现金支票只能用于支取现金,不能用于转账。(　　)
4. 银行本票可以用于转账,也可以用于支取现金。(　　)
5. 收到转账支票委托银行收款时,被背书人为收款单位开户银行。(　　)

6. 申请人或收款人为单位的,银行不得为其签发"现金"银行本票。( )
7. 收款人收到转账支票送存银行,应填写进账单。( )
8. 单位和个人在异地、同城的各种款项结算,均可使用银行汇票。( )
9. 单位和个人在同一票据交换区域或非同一票据交换区域需要支付各种款项,均可以使用银行本票。( )
10. 付款人承兑商业汇票,不得附有条件;承兑附有条件的,视为拒绝承兑。( )
11. 付款人对向其提示承兑的汇票,应当自收到提示承兑的汇票之日起 5 日内承兑或者拒绝承兑。( )
12. 银行汇票无法为付款单位多留存款的时点余额。( )
13. 银行汇票结算方式使得付款单位承担较高的费用。( )
14. 商业承兑汇票信誉度高,使用、转让、贴现都非常方便,流通性强。( )
15. 商业汇票的背书,是指以转让商业汇票权利或者将一定的商业汇票权利授予他人行使为目的,按照法定的事项和方式在商业汇票背面或者粘单上记载有关事项并签章的票据行为。( )

四、案例分析题

2019 年 6 月,优康公司发生了以下几笔业务。

(1) 因急于购买原材料,在银行存款不足 1 万元的情况下,开出了一张 1.8 万元的转账支票。

(2) 填写一张金额 5 000 元的转账支票支付南阳公司货款,因粗心,出纳人员误将收款人写为"南洋公司"。随即将支票上的"洋"改为"阳",并在更正处盖章后,将该支票交给了南阳公司。

(3) 不慎将一张定日付款的商业汇票丢失。

(4) 签发了一张 20 万元的银行汇票用于向长江公司购买原材料,由于物价上涨,该批原材料实际结算金额为 22 万元。优康公司填写了实际结算金额并在汇票上签章。

请问:

(1) 银行存款不足仍开具支票是何种行为?银行对这种行为将如何处理?

(2) 出纳人员将支票的"洋"改为"阳"的行为是否合规?

(3) 定日付款的商业汇票持票人应在多长时间内向付款人提示承兑?商业汇票遗失应如何处理?

(4) 长江公司持该笔银行汇票向银行提示付款,银行会如何处理?

项目四 货币资金期末处理

【技能目标】

- 能熟练进行现金盘点。
- 能正确编制现金盘点表。
- 能正确进行盘点结果的账务处理。
- 能熟练进行银行存款日记账与银行对账单的核对。
- 能正确编制银行存款余额调节表。
- 能填制现金日记账和银行存款日记账。
- 能正确进行日记账的日结。
- 能正确进行日记账的月结。
- 能正确进行日记账的年结。

【知识目标】

- 掌握现金盘点的要求。
- 掌握现金清查结果的账务处理。
- 掌握银行存款核对的要求。
- 掌握未达账项的内容和形成原因。
- 掌握银行存款余额调节表的编制方法。
- 掌握日记账日常登记的要求。
- 掌握日记账日结、月结和年结的基本方法。
- 掌握日记账期末处理的内容。

> **任务导入**

佳康宝公司 2019 年发生以下经济业务。

(1) 2019 年 12 月 31 日，下班后，财务经理钱光照对出纳人员范青青经管的现金进行盘点。

(2) 2019 年 12 月 31 日，财务经理钱光照对出纳人员经管的银行存款进行核对，并编制银行存款余额调节表。

(3) 2019 年 12 月 31 日，全年经济业务结束，出纳人员对库存现金日记账和银行存款日记账进行结账。

作为该公司的出纳，应如何处理这些业务呢？

任务 4.1　库存现金清查

> **知识链接**

1. 现金清查的要求

单位应当定期和不定期地进行现金盘点，确保现金账面余额与实际库存相符。现金清查一般采用实地盘点法，清查结果应当编制现金盘点报告单。如发现有挪用现金、白条抵库等情况，应及时予以纠正；如有超限额留存的现金，应及时送存银行；如发现账款不符，应及时查明原因，做出处理。

2. 现金清查的处理

如在现金清查中发现有待查明原因的现金短缺或溢余，应先通过"待处理财产损溢"科目核算，按管理权限经批准后，分别按以下情况处理。

(1) 现金短缺，属于应由责任人赔偿或保险公司赔偿的部分，计入"其他应收款"科目；若无法查明原因，计入"管理费用"科目。

(2) 现金溢余，属于应支付给有关人员或单位的，计入"其他应付款"科目；若无法查明原因，计入"营业外收入"科目。

> **典型业务操作**

典型工作任务 4.1.1　现金盘点

【任务描述】2019 年 12 月 31 日，下班后，财务经理钱光照对出纳人员范青青经管的现金进行盘点。

【业务处理流程】

库存现金盘点业务处理流程如图 2-283 所示。

岗位	出纳	会计主管	出纳	制单会计	会计主管	出纳
工作任务	登记经济业务并结出现金余额	现金盘点	确定盘点结果	填制凭证	审核凭证	登记账簿
典型凭证记录	现金日记账	库存现金盘点表	库存现金盘点表	记账凭证	记账凭证	库存现金日记账

图 2-283 库存现金盘点业务处理流程

【业务指导】

(1) 出纳人员将现金业务全部计入库存现金日记账(见图 2-284)，并结出库存现金余额。

库存现金日记账

2019年		凭证		对方科目	摘要	借方	贷方	借或贷	余额	√
月	日	种类	号数							
12	1				期初余额			借	2 356 8 00	
12	1	银付	1	银行存款	提取备用金	5 000 0 00		借	7 356 8 00	
12	1	现付	1	其他应收款	成吉巍出差借款		1 000 0 00	借	6 356 8 00	
12	1	现付	2	管理费用	采购办公用品		500 0 00	借	6 306 8 00	
					……					
					略					
12	31	现收	XX	其他应收款	收回职工出差借款余款	500 00		借	18 846 00	

图 2-284 库存现金日记账

(2) 会计主管对出纳人员经管的现金进行盘点，实际盘点现金为 18 726 元，根据盘点情况编制库存现金盘点表(见表 2-13)。出纳人员在库存现金盘点表上签字确认。

表 2-13 库存现金盘点表

盘点日期：2019 年 12 月 31 日

账存金额	实存金额	盘盈	盘亏	备注
18 846.00	18 726.00		120	原因待查

盘点人员：钱光照　　　　　　　　　　出纳人员：范青青

(3) 制单会计根据库存现金盘点表编制记账凭证(见图 2-285)。

付款凭证

贷方科目：库存现金　　2019 年 12 月 31 日　　出纳编号　　制单编号 现付XX

对方单位	摘要	借方科目		金额	记账符号
		总账科目	明细科目	千百十万千百十元角分	
	现金盘亏	待处理财产损溢	待处理流动资产损溢	12000	
		合　计		¥　　　12000	

会计主管　　　记账　　　稽核　　　出纳　　　制单 米乐

附凭证 1 张

图 2-285　付款凭证

(4) 会计主管审核记账凭证，审核完毕后的记账凭证交出纳人员登记库存现金日记账(见图 2-286)。会计主管、出纳分别在记账凭证上签字(签字后的记账凭证略)。

库存现金日记账

2019年		凭证		对方科目	摘要	借方	贷方	借或贷	余额	√
月	日	种类	号数			亿千百十万千百十元角分	亿千百十万千百十元角分		亿千百十万千百十元角分	
12	1				期初余额			借	235 6800	
12	1	银付	1	银行存款	提取备用金	500 0000		借	735 6800	
12	1	现付	1	其他应收款	成吉巍出差借款		100 0000	借	635 6800	
12	1	现付	2	管理费用	采购办公用品		500 00	借	630 6800	
					……					
					略					
12	31	现收	XX	其他应收款	收回职工出差借款余款	500 00		借	188 4600	
12	31	现付	XX	待处理财产损溢	现金盘亏		120 00	借	187 2600	

图 2-286　库存现金日记账

典型工作任务 4.1.2　盘点结果的处理

【任务描述】 因现金短缺无法查明原因，经公司研究决定追究出纳人员保管不当的责任，让其个人赔偿 50 元，其余部分由企业承担。

【业务处理流程】

现金盘点结果业务处理流程如图 2-287 所示。

图 2-287　现金盘点结果处理业务流程

【业务指导】

(1) 公司出具对现金短缺的处理意见(见图 2-288)。

库存现金盘亏的处理意见

2019 年 12 月 31 日在现金盘点中发现现金盘亏 120 元,经公司研究决定:因出纳人员保管不当,由其个人承担 50 元;其余 70 元由本公司承担,计入管理费用。

部门负责人签字:　**钱光照**

总经理签字:　　　**王天一**

图 2-288　库存现金盘亏的处理意见

(2) 制单会计根据处理意见编制记账凭证(见图 2-289)进行账务处理。

图 2-289　记账凭证

(3) 会计主管审核记账凭证，审核完毕后的记账凭证交记账会计登记相关明细账。会计主管、记账会计分别在记账凭证上签字(签字后的记账凭证略)。

任务4.2　银行存款核对

知识链接

1. 银行存款核对的要求

单位应当指定专人定期核对银行账户，每月至少核对一次，编制银行存款余额调节表，使银行存款账面余额与银行对账单调节相符。如调节不符，应查明原因，及时处理。

银行作为国家金融机构，一方面要保证企业资金的正常流转，同时，要客观地记录下企业发生的每笔资金流转情况，并定期将企业在银行的资金流转情况打印出来，即银行对账单，以此为依据和企业的银行存款日记账进行核对。因此，银行对账单是银行和企业两个完全独立的经济实体对同一事项进行核对的直接凭单，从其客观的存在和发生来说，银行对账单具有普遍的客观性。

单位一般应于每月末对银行存款日记账记录和银行对账单进行核对，并根据双方记录的差额编制银行存款余额调节表进行调节。如没有记账错误，调节后的双方余额应相等。

2. 编制银行存款余额调节表

编制银行存款余额调节表的主要目的是核对企业账目与银行账目的差异，也用于检查企业与银行账目的差错。

导致银行和企业的银行存款记录余额不一致的原因一般有两个：一是双方可能存在记账错误，单位出错的概率较大；二是存在未达账项。所谓未达账项，是由于结算凭证在企业与银行之间或收付款银行之间传递需要时间，造成企业与银行入账的时间差，一方收到凭证并已入账，另一方未收到凭证因而未能入账由此形成的账款。发生未达账项的具体情况有四种：一是企业已收款入账，银行尚未收款入账；二是企业已付款入账，银行尚未付款入账；三是银行已收款入账，企业尚未收款入账；四是银行已付款入账，企业尚未付款入账。

银行存款余额调节表，是在银行对账单余额与企业账面余额的基础上，各自加上对方已收、本单位未收的未达账项数额，减去对方已付、本单位未付的未达账项数额，以调整双方余额使其一致的一种调节方法。如果调节后余额相等，表明企业和银行的账目没有差错，调节后的余额就是该企业对账日银行实际可用的存款数额；反之，说明记账有错误，应进一步查明原因，予以更正。

银行存款余额调节表是一种对账记录的工具，并不是凭证，只能起到核对账目的作用，不得用于调整银行存款账面余额，可作为"银行存款"科目的附列资料保存。

> 典型业务操作

典型工作任务　核对银行存款

【任务描述】2019 年 12 月 31 日，财务经理钱光照对出纳人员经管的银行存款进行核对，并编制银行存款余额调节表。

【业务处理流程】

核对银行存款业务处理流程如图 2-290 所示。

图 2-290　核对银行存款业务处理流程

【业务指导】

(1) 出纳人员自银行取回本月的银行对账单(见图 2-291)。

交通银行(北京东城区)对账单

户名：北京佳康宝健身器材有限公司　　　　　　　　　　　　　　　　第　1　页

账号：11000761101800064 2118　　　　币种：人民币　　　　　上月余额：852400.00

2019 年		摘　要	凭证种类	凭证号	借方发生额	贷方发生额	余额	流水号
月	日							
12	1	提取备用金	略	略	50 000.00		802 400.00	
12	1	收销货款	略	略		5600.00	808 000.00	
12	2	申请银行汇票	略	略	35 000.00		773 000.00	
12	2	银行汇票收款	略	略		20 000.00	793 000.00	
12	2	支付材料款	略	略	60 000.00		733 000.00	
12	3	结算业务申请书	略	略	6.00		732 994.00	
12	3	支付材料费	略	略	702.00		732 292.00	
12	3	汇兑手续费	略	略	5.50		732 286.50	
12	3	申请银行本票	略	略	5000.00		727 286.50	
12	3	银行本票收款	略	略		1 000 000.00	1 727 286.50	

续表

2019年		摘 要	凭证种类	凭证号	借方发生额	贷方发生额	余额	流水号
月	日							
12	3	退还本票余款	略	略	15 000.00		1 712 286.50	
12	4	承兑手续费	略	略	400.00		1 711 886.50	
12	7	购买转账支票	略	略	25.00		1 711 861.50	
12	7	收销货款	略	略		10 000.00	1 721 861.50	
12	8	收销货款	略	略		230 000.00	1 951 861.50	
12	8	支付材料款	略	略	8310.90		1 943 550.60	
12	10	收销货款	略	略		79 808.00	2 023 358.60	
12	10	支付广告费	略	略	2600.00		2 020 758.60	
12	10	收回汇票余款	略	略		5141.60	2 025 900.20	
12	10	支票退票	略	略	230 000.00		1 795 900.20	
12	11	收承兑汇票款	略	略		300 000.00	2 095 900.20	
12	14	采购原材料	略	略	62 814.00		2 033 086.20	
12	14	汇票贴现	略	略		99 533.33	2 132 619.53	
12	18	收销货款	略	略		5104.00	2 137 723.53	
12	23	现金存入银行	略	略		3450.00	2 141 173.53	
12	31	支付材料款	略	略	35 100.00		2 106 073.53	
12	31	收销货款	略	略		5800.00	2 111 873.53	
12	31	支付电话费	略	略	18 000.00		2 093 873.53	

图 2-291 银行对账单

操作提示：

各金融机构对账单的格式不完全相同。需注意的是，银行的记账方向与企业的记账方向相反，核对时需将银行对账单的借方发生额与企业日记账的贷方发生额进行核对。

(2) 会计主管根据上月的银行存款余额调节表(见表2-14)、本月银行存款日记账(见图2-292、图2-293)及本月银行对账单，进行银行存款的核对。

表 2-14 银行存款余额调节表

单位：北京佳康宝健身器材有限公司　　　　2019 年 11 月 30 日　　　　　　　　　　单位：元

项 目	金 额	项 目	金 额
企业银行存款日记账余额	788 000.00	银行对账单余额	852 400.00
加：银行已收，企业未收款	10 000.00	加：企业已收，银行未收款	5 600.00
减：银行已付，企业未付款		减：企业已付，银行未付款	60 000.00
调节后银行存款余额	798 000.00	调节后银行存款余额	798 000.00

操作提示:

2019年11月的银行存款余额调节表存在三笔未达账项,具体情况如下。

① 2019年11月29日,企业开出转账支票60 000元支付材料款,并已登记银行存款减少,但持票单位尚未到银行办理转账,银行尚未记账。

② 2019年11月30日,企业销售商品,收到转账支票一张,金额为5 600元,企业已登记银行存款增加,但银行尚未记账。

③ 2019年11月30日,企业申请的一笔生产经营借款10 000元到账,存入企业账户,银行已登记入账,但企业尚未收到通知,未记账。

银行存款日记账

2019年		凭证		对方科目	摘要	借方	贷方	借或贷	余额	√
月	日	种类	号数			亿千百十万千百十元角分	亿千百十万千百十元角分		亿千百十万千百十元角分	
12	1				期初余额			借	7 8 8 0 0 0 0 0	
12	1	银付	1	库存现金	提取备用金		5 0 0 0 0 0			
12	1	银收	略	短期借款	取得银行贷款	1 0 0 0 0 0 0				
12	1				本日合计	1 0 0 0 0 0 0	5 0 0 0 0 0	借	7 4 8 0 0 0 0 0	
12	2	银付	略	其他货币资金	申请银行汇票		3 5 0 0 0 0			
12	2	银收	略	应收账款	银行汇票收款	2 0 0 0 0 0				
12	2				本日合计	2 0 0 0 0 0	3 5 0 0 0 0	借	7 3 3 0 0 0 0 0	
12	3	银付	略	财务费用	购买结算业务申请书		6 0 0			
12	3	银付	略	原材料等	支付材料费		7 0 2 0 0			
12	3	银付	略	财务费用	支付汇兑手续费		5 5 0			
12	3	银付	略	其他货币资金	申请银行本票		5 0 0 0 0 0			
12	3	银收	略	应收账款	银行本票收款	1 0 0 0 0 0 0 0				
12	3	银付	略	应收账款	退还本票多余款		1 5 0 0 0 0			
12	3				本日合计	1 0 0 0 0 0 0 0	2 0 7 1 3 5 0	借	1 7 1 2 2 8 6 5 0	
12	4	银付	略	财务费用	承兑汇票手续费		4 0 0 0 0			
12	4				本日合计		4 0 0 0 0	借	1 7 1 1 8 8 6 5 0	
12	7	银付	略	财务费用	购买转账支票		2 5 0			
12	7	银收	略	应收账款	收整机芯销货款	1 0 0 0 0 0				
12	7				本日合计	1 0 0 0 0 0	2 5 0	借	1 7 2 1 8 6 1 5 0	
12	8	银收	略	应收账款	收取货款	2 3 0 0 0 0 0				
12	8	银付	略	应付账款	支付材料费		8 3 1 0 9 0			
12	8				本日合计	2 3 0 0 0 0 0	8 3 1 0 9 0	借	1 9 4 3 5 5 0 6 0	
12	10	银收	略	应收账款	收按摩垫销货款	7 9 8 0 8 0 0				
12	10	银付	略	销售费用	支付广告费		2 6 0 0 0 0			
12	10	银付	略	应收账款	支票退票		2 3 0 0 0 0 0			
12	10	银收	略	其他货币资金	收回汇票余款	5 1 4 1 6 0				
12	10				本日合计	8 4 9 4 9 6 0	2 3 2 6 0 0 0	借	1 7 9 5 9 0 0 2 0	
12	11	银收	略	应收票据	收银行承兑汇票款	3 0 0 0 0 0 0				
12	11				本日合计	3 0 0 0 0 0 0		借	2 0 9 5 9 0 0 2 0	
12	14	银付	略	原材料等	采购原材料		6 2 8 1 4 0 0			
12	14	银收	略	应收票据	银行承兑汇票贴现	9 9 5 3 3 3 3				
12	14				本日合计	9 9 5 3 3 3 3	6 2 8 1 4 0 0	借	2 1 3 2 6 1 9 5 3	
12	18	银收	略	应收账款	收整机芯销货款	5 1 0 4 0 0				
12	18				本日合计	5 1 0 4 0 0		借	2 1 3 7 7 2 3 5 3	
					过次页	9 1 9 6 3 8 6 9 0	8 9 8 7 5 1 3 4 0	借	2 1 3 7 7 2 3 5 3	

图 2-292 银行存款日记账第一部分

银行存款日记账

2019年		凭证		对方科目	摘要	借方	贷方	借或贷	余额	✓
月	日	种类	号数			亿千百十万千百十元角分	亿千百十万千百十元角分		亿千百十万千百十元角分	
					承前页	9 1 9 6 3 8 6 9 0	8 9 8 7 5 1 3 4 0	借	2 1 3 7 7 2 3 5 3	
12	23	现付	略	库存现金	现金存入银行	3 4 5 0 0 0				
12	23				本日合计	3 4 5 0 0 0		借	2 1 4 1 1 7 3 5 3	
12	30	银付	略	管理费用	采购办公用品		7 0 0 0 0 0			
12	30	银付	略	原材料等	采购原材料		3 5 1 0 0 0 0			
12	30				本日合计		4 2 1 0 0 0 0	借	2 0 9 9 0 7 3 5 3	
12	31	银收	略	应收账款	收取货款	5 8 5 0 0 0				
12	31	银付	略	管理费用	支付租金		5 0 0 0 0 0 0			
12	31				本日合计	5 8 5 0 0 0	5 0 0 0 0 0 0	借	2 0 5 4 9 2 3 5 3	

图2-293　银行存款日记账第二部分

操作提示：

一般银行存款对账的具体操作如下。

① 核对上月。上月未达账项中已经入账的项目，在本月相应的企业对账单和银行对账单上勾去，不再记入调节表。

② 核对本月。将两账单中的相同数额勾去(企业银行存款日记账借方对应银行对账单贷方)。

(3) 会计主管根据银行存款对账情况编制银行存款余额调节表(见表2-15)。

表2-15　银行存款余额调节表

单位：北京佳康宝健身器材有限公司　　　　2019年12月31日　　　　　　　　　　单位：元

项　目	金　额	项　目	金　额
企业银行存款日记账余额	2 054 923.53	银行对账单余额	2 093 873.53
加：银行已收，企业未收款	5800.00	加：企业已收，银行未收款	5850.00
减：银行已付，企业未付款	18 000.00	减：企业已付，银行未付款	57 000.00
调节后银行存款余额	2 042 723.53	调节后银行存款余额	2 042 723.53

操作提示：

一般编制银行存款余额调节表的具体操作如下。

① 修改错误。将找出的未达账项录入调节表，之后检查企业银行存款日记账记账时是否有银行存入错行、科目记录颠倒、数额误差等错误。如果有，则在企业银行存款日记账中进行修改。

② 调节余额。在银行存款余额调节表中分别计算银行对账单调节后余额和企业银行存款日记账调节后余额，并将双方余额进行核对。若调节后，双方余额不符，应进一步查明原因。

调节后余额相等，表明企业和银行的账目没有差错，调节后的余额为2 042 723.53元，就是该企业对账日银行实际可用的存款数额。

任务 4.3　期末结账

知识链接

1. 货币资金的日常核算

在日常经济业务的核算中，为加强货币资金的管理，企业需要设立库存现金日记账和银行存款日记账，根据现金收付款凭证和银行存款收付款凭证，按经济业务发生的顺序逐日逐笔地登记现金和银行存款的日常收支业务。

现金日记账和银行存款日记账必须采用订本式账簿，并要做到"日清月结"，即出纳人员办理现金出纳业务，必须做到按日清理，按月结账。这里所说的按日清理，是指出纳人员应对当日的经济业务进行清理，全部登记日记账，结出库存现金账面余额，并与库存现金实地盘点数核对相符。

登记账簿要用蓝黑墨水或者碳素墨水书写，不得使用圆珠笔或者铅笔书写。按照红字冲账的记账凭证，冲销错误记录时，可以用红色墨水记账。

在日常核算中还要注意：每一账页登记完毕结转下页时，应当结出本页合计数及余额，写在本页最后一行和下页第一行有关栏内，并在"摘要"栏内注明"过次页"和"承前页"字样；也可以将本页合计数及金额只写在下页第一行有关栏内，并在"摘要"栏内注明"承前页"字样。对需要结计本月发生额的账户，结计过次页的本页合计数应当为自本月初起至本页末止的发生额合计数；对库存现金、银行存款这类需要结计本年累计发生额的账户，结计过次页的本页合计数应当为自年初起至本页末止的累计数；对既不需要结计本月发生额也不需要结计本年累计发生额的账户，可以只将每页末的余额结转次页。

实行会计电算化的单位发生收款和付款业务的，在输入收款凭证和付款凭证的当天必须将现金日记账和银行存款日记账与库存现金核对无误。

2. 货币资金的期末结账

结账前，必须将本期内所发生的各项经济业务全部登记入账。由于库存现金日记账和银行存款日记账要做到"日清月结"，因此其结账工作涉及以下几个方面。

(1) 日结。在记完当日发生的经济业务后，最后一笔业务的下一行"摘要"栏注明"本日合计"，借贷金额栏结出当日发生额合计数并计算当日余额(当日余额=上一日余额+本日借方发生额合计-本日贷方发生额合计)。

(2) 月结。月结在当月最后一天日结的下一行进行。在"摘要"栏内注明"本月合计"字样，借贷金额栏分别结出当月发生额合计数并计算当月余额(当月余额=上月末余额+本月借方发生额合计-本月贷方发生额合计)。月结完毕后，在月结行上下各划一条通栏单红线，表示本月经济业务结束。需要结出本年累计发生额的，在月结下方"摘要"栏内注明"本年累计"字样，在借贷金额栏分别汇总年初到本月末的借贷方发生额合计并计算余额，在"本年累计"行下面通栏划单红线。

(3) 年结。年结在当年最后一月月结之后进行，12月末的本年累计是全年累计发生额，就相当于年结。全年累计发生额下面应当通栏划双红线,表示本年经济业务结束。

(4) 结转下年。年度终了,要把各账户的余额结转到下一会计年度,并在"摘要"栏注明"结转下年"字样;在下一会计年度新建有关会计账簿的第一行"余额"栏内填写上年结转的余额,并在"摘要"栏注明"上年结转"字样。

3. 错账的更正

已经登记入账的记账凭证,在当年内发现填写错误时,可以用红字填写一张与原内容相同的记账凭证,在"摘要"栏注明"注销某月某日某号凭证"字样,同时再用蓝字重新填制一张正确的记账凭证,注明"订正某月某日某号凭证"字样。如果会计科目没有错误,只是金额错误,也可以将正确数字与错误数字之间的差额,另编一张调整的记账凭证,调增金额用蓝字,调减金额用红字。发现以前年度记账凭证有错误的,应当用蓝字填制一张更正的记账凭证。

记账凭证没有错误,登记账簿时发生错误的,不准涂改、挖补、刮擦或者用药水消除字迹,不准重新抄写,必须按照下列方法进行更正:将错误的文字或者数字划红线注销,但必须使原有字迹仍可辨认;然后在划线上方填写正确的文字或者数字,并由记账人员在更正处盖章。对于错误的数字,应当全部划红线更正,不得只更正其中的错误数字。对于文字错误,可只划去错误的部分。

● 典型业务操作

典型工作任务　年末结账

【任务描述】2019 年 12 月 31 日,全年经济业务结束,出纳人员对库存现金日记账和银行存款日记账进行结账。

【业务指导】

(1) 出纳人员进行库存现金日记账(见图 2-294)和银行存款日记账(见图 2-295)的月结。
(2) 出纳人员进行库存现金日记账(见图 2-294)和银行存款日记账(见图 2-295)的年结。

操作提示:

银行存款或库存现金日记账"过次页"和"承前页"的借方发生额合计和贷方发生额合计数应当为自年初起至本页末止的累计数。本任务中,佳康宝公司 2018 年年初银行存款余额为 1 928 850.03 元,1 至 11 月累计借方发生额为 7 436 800 元,累计贷方发生额为 8 577 650 元。

库存现金日记账

2019年		凭证		对方科目	摘要	借方	贷方	借或贷	余额
月	日	种类	号数						
12	1				期初余额			借	23568.00
12	1	银付	1	银行存款	提取备用金	500000.00			
12	1	现付	1	其他应收款	成吉巍出差借款		10000.00		
12	1	现付	2	管理费用	采购办公用品		500.00		
12	1	现付	3	其他应收款	王天一出差借款		5000.00		
12	1				本日合计	500000.00	15500.00	借	58068.00
12	3	现付	4	原材料等	支付材料费		6702.00		
12	3				本日合计		6702.00	借	51366.00
12	5	现付	5	其他应收款	李静出差借款		8000.00		
12	5	现收	1	营业外收入	罚款收入	800.00			
12	5				本日合计	800.00	8000.00	借	44166.00
12	9	现收	2	其他业务收入等	销售边角废料	500.00			
12	9				本日合计	500.00		借	44666.00
12	11	现收	3	其他应收款	收回成吉巍预借款余款	90.00			
12	11				本日合计	90.00		借	44756.00
12	13	现付	6	其他应收款	吴东出差借款		8000.00		
12	13	现付	7	周转材料	采购劳保用品		5850.00		
12	13				本日合计		13850.00	借	30906.00
12	17	现收	4	其他应收款	收回李静预借款余款	600.00			
12	17	现收	5	其他应收款	收回王天一预借款余款	480.00			
12	17	现收	6	其他业务收入等	销售边角废料	5500.00			
12	17				本日合计	6580.00		借	37486.00
12	23	现付	8	管理费用	采购办公用品		6600.00		
12	23	现收	7	其他应收款	收回吴东预借款余款	2800.00			
12	23	现付	9	银行存款	现金存入银行		3450.00		
12	23				本日合计	2800.00	10050.00	借	27716.00
12	29	现付	10	其他应收款	李威出差借款		5000.00		
12	29	现付	11	其他应收款	张庆东出差借款		3000.00		
12	29				本日合计		8000.00	借	19716.00
12	30	现付	12	委托加工物资	支付加工费		1370.00		
12	30				本日合计		1370.00	借	18346.00
12	31	现收	8	其他应收款	收回职工出差借款余款	500.00			
12	31	现付	13	待处理财产损溢	现金盘亏		120.00		
12	31				本日合计	500.00	120.00	借	18726.00
12	31				本月合计	58750.00	63592.00	借	18726.00
12	31				本年累计	552550.00	765190.00	借	18726.00
					结转下年				18726.00

图2-294　库存现金日记账

银行存款日记账

2019年		凭证		对方科目	摘要	借方 亿千百十万千百十元角分	贷方 亿千百十万千百十元角分	借或贷	余额 亿千百十万千百十元角分	√
月	日	种类	号数							
					承前页	9 1 9 6 3 8 6 9 0	8 9 8 7 5 1 3 4 0	借	2 1 3 7 7 2 3 5 3	
12	23	现付	略	库存现金	现金存入银行	3 4 5 0 0 0				
12	23				本日合计	3 4 5 0 0 0		借	2 1 4 1 1 7 3 5 3	
12	30	银付	略	管理费用	采购办公用品		7 0 0 0 0 0			
12	30	银付	略	原材料等	采购原材料		3 5 1 0 0 0 0			
12	30				本日合计		4 2 1 0 0 0 0	借	2 0 9 9 0 7 3 5 3	
12	31	银收	略	应收账款	收取货款	5 8 5 0 0 0 0				
12	31	银付	略	管理费用	支付租金		5 0 0 0 0 0 0			
12	31				本日合计	5 8 5 0 0 0 0	5 0 0 0 0 0 0	借	2 0 5 4 9 2 3 5 3	
12	31				本月合计	1 7 6 8 8 8 6 9 3	5 0 1 9 6 3 4 0	借	2 0 5 4 9 2 3 5 3	
12	31				本年累计	9 2 0 5 6 8 6 9 0	9 0 7 9 6 1 3 4 0	借	2 0 5 4 9 2 3 5 3	
					结转下年				2 0 5 4 9 2 3 5 3	

图2-295 银行存款日记账

同步练习

一、单项选择题

1. 银行存款日记账的登记方法是( )。
   A. 每日汇总登记 B. 定期汇总登记 C. 逐日逐笔登记 D. 月末一次登记
2. 对银行存款进行清查时,应将( )与银行编制的对账单进行逐笔核对。
   A. 银行存款总账   B. 银行存款日记账
   C. 银行存款结算单据   D. 支票簿
3. 现金清查中无法查明原因的现金溢余经批准后应计入( )。
   A. 其他应收款 B. 其他应付款 C. 管理费用 D. 营业外收入
4. 现金盘点时发现现金短缺,无法查明原因的,经批准后计入( )。
   A. 营业外支出 B. 管理费用 C. 财务费用 D. 其他业务成本
5. 企业银行存款日记账余额与银行对账单不符,企业银行存款日记账余额为150万元,企业日记账和银行对账单差异包括:企业收到货款10万元,银行未入账;企业开出支票5万元,对方尚未到银行办理收款;银行代扣水电费2万元,企业尚未入账。调节之后的企业银行存款余额为( )万元。
   A. 160   B. 165   C. 152   D. 148

二、多项选择题

1. 应由出纳人员登记的账簿有( )。
   A. 库存现金日记账   B. 银行存款日记账
   C. 其他货币资金明细账   D. 银行存款总账
2. 下列未达账项中,会导致企业银行存款日记账余额大于银行对账单余额的有( )。

A. 企业送存支票，银行尚未入账
B. 企业开出支票，银行尚未入账
C. 银行代付电话费，企业尚未收到通知
D. 银行代收货款，企业尚未收到通知

3. 库存现金日记账和银行存款日记账的结账工作涉及的方面有(   )。
A. 日结　　　　B. 月结　　　　C. 年结　　　　D. 结转下年

4. 对于现金日记账，下列说法正确的有(   )。
A. 应采用订本式账簿　　　　　　B. 应由出纳人员登记
C. 必须逐日结出余额　　　　　　D. 通常采用三栏式账簿

5. 以下关于银行存款余额调节表的说法中，正确的有(   )。
A. 编制银行存款余额调节表的主要目的是核对企业账目与银行账目的差异
B. 如果调节后余额相等，表明企业和银行的账目没有差错，调节后的余额就是该企业对账日银行实际可用的存款数额
C. 银行存款余额调节表是一种对账记录的工具，并不是凭证，只能起到核对账目的作用，不得用于调整银行存款账面余额
D. 未达账项是企业没记账的业务，就是记账错误

三、判断题

1. 核对银行存款时，需将银行对账单借方发生额与企业日记账贷方发生额核对。（   ）
2. 企业应依据银行存款余额调节表的内容进行账务处理，以达到账实相符。（   ）
3. 银行存款或库存现金日记账"过次页"的借方发生额合计数和贷方发生额合计数应当为自本月初起至本页末止的累计数。（   ）
4. 单位应由会计主管或指定的会计人员对出纳人员经管的库存现金进行定期和不定期的盘点，以保证账实相符。（   ）
5. 未入账的记账凭证发现错误，可以重新填制。（   ）

四、案例分析题

宏宇公司2019年12月31日银行存款日记账的余额为1 240万元，银行转来对账单的余额为1 530万元。经逐笔核对，发现以下未达账项。

(1) 企业送存转账支票600万元，并已登记银行存款增加，但银行尚未记账。
(2) 企业开出转账支票450万元，并已登记银行存款减少，但持票单位尚未到银行办理转账，银行尚未记账。
(3) 企业委托银行代收某公司购货款480万元，银行已收妥并登记入账，但企业尚未收到收款通知，尚未记账。
(4) 银行代企业支付电话费40万元，银行已登记减少企业银行存款，但企业未收到银行付款通知，尚未记账。

要求：根据以上资料编制宏宇公司2019年12月的银行存款余额调节表，验证银行存款余额的正确性。

银行存款余额调节表

单位：　　　　　　　　　　　　　　年　月　日　　　　　　　　　　　　　　万元

项　目	金　额	项　目	金　额
企业银行存款日记账余额		银行对账单余额	
加：银行已收，企业未收款		加：企业已收，银行未收款	
减：银行已付，企业未付款		减：企业已付，银行未付款	
调节后银行存款余额		调节后银行存款余额	

项目五 出纳工作交接与档案管理

【技能目标】

- 能正确进行出纳工作的交接。
- 会填写出纳工作交接书。

【知识目标】

- 掌握出纳工作交接的要求。
- 掌握出纳工作交接书的填制方法。
- 了解出纳档案保管的职责。
- 了解出纳档案保管的要求。
- 熟悉出纳常见业务档案的内容。

> **任务导入**

2020年1月1日一早，财务经理钱光照召开部门会议，布置2019年财务工作的要求。按部门轮岗的要求，出纳工作由范青青移交给米乐负责。会议后，双方办理了工作交接手续。

任务5.1 出纳工作交接

> **知识链接**

1. 出纳工作交接的基本要求

我国《会计法》第四十一条规定：会计人员调动工作或者离职，必须与接管人员办清交接手续。会计工作交接制度，是会计工作的一项重要制度，也是会计基础工作的重要内容。办理好会计工作交接，有利于保持会计工作的连续性，有利于明确责任。

（1）会计人员工作调动或因故离职，必须将本人所经管的会计工作在规定期限内全部移交接替人员，没有办清交接手续的，不得调动或离职。临时离职或者因病暂时不能工作，需要有人接替或者代理工作的，也应当按照《会计基础工作规范》的规定办理交接手续。

（2）会计人员在办理交接手续前必须及时办理完毕未了的会计事项；接替人员应认真接管移交的工作，并继续办理移交前的未了事项。

（3）在办理会计工作交接时，交接双方要按照移交清册列明的内容，进行逐项交接。

（4）专人负责监交。一般会计人员办理交接手续，由单位的会计机构负责人、会计主管人员负责监交；会计机构负责人、会计主管人员办理交接手续，由单位领导人负责监交，必要时可由上级主管部门派人会同监交。

（5）移交人对自己经办且已经移交的会计资料的合法性、真实性承担法律责任，不能因为会计资料已经移交而推脱责任。

出纳人员交接应按照会计人员交接的要求进行。未办清交接手续的，不得调动或离职。

2. 出纳工作交接的内容

（1）出纳凭证，包括库存现金、银行存款及其他货币资金有关的原始凭证和记账凭证。

（2）出纳账簿，包括库存现金日记账和银行存款日记账。

（3）出纳报告，包括库存现金日报表、银行存款日报表和出纳阅读报表等。

（4）现金，包括库存的人民币和外币。

（5）有价证券，包括债券、股票等。

（6）重要票据，包括空白支票、支票领用备查登记簿、银行汇票、商业汇票、银行本票、收款收据、已用或作废的存根联等。

（7）印章，包括财务专用章、银行预留印鉴以及"现金收讫""现金付讫""银行收讫""银行付讫"和"作废"等业务专用章。

（8）会计文件和其他资料，由出纳人员保管的相关文件，包括银行对账单、合同、协议、报销单据、借据等。

(9) 其他用品，包括出纳人员办公室、办公桌、保险柜的钥匙，以及各种保密号码、会计工具、用具。

(10) 实行会计电算化的单位，交接内容还应包括会计软件及与会计软件有关的密码或口令，存储会计数据的介质包括磁带、磁盘和光盘等。

(11) 移交待办事项。移交人应将所负责的业务进行具体说明，对于经办未了事项及历史遗留问题应写出书面材料，或者在移交说明书上详细说明。

3. 出纳工作的交接程序

(1) 准备工作。

出纳人员办理交接手续前，必须做好以下各项准备工作。

① 现金、银行存款日记账应登记完毕，并在最后一笔余额后加盖出纳人员名章。

② 现金、银行存款日记账与总账核对相符；现金日记账余额要与库存现金实有数核对相符；银行存款日记账余额与银行对账单核对无误。

③ 在出纳账簿启用表上填写移交日期，并加盖名章。

④ 整理应移交的各种资料，对未了事项要写出书面说明。

⑤ 编制移交清册，列明移交的账簿、凭证、现金、有价证券、支票簿、文件资料、印鉴和其他物品的具体名称及数量。

(2) 办理交接。

交接双方要按照移交清册列明的内容，进行逐项交接。交接人员应当按照移交清册当面点收。

① 现金、有价证券要根据日记账和备查账簿余额进行点交，库存现金、有价证券必须与账簿余额一致。不一致时，移交人员必须限期查清。

② 出纳账和其他会计资料必须完整无缺。如有短缺，必须查清原因，并在移交清册中注明，由移交人员负责。

③ 银行存款账户余额要与银行对账单核对相符，各种财产物资和债权债务的明细账户余额要与总账有关账户余额核对相符；必要时，要抽查个别账户的余额，与实物核对相符，或者与往来单位、个人核对清楚。

④ 移交人除经管账簿外还兼管其他会计工作的，应一并交接清楚。其包括经管的公章、有价证券、空白支票、文件资料、收据、发票及其他物品。保险柜密码、重要工作台(室)的钥匙交接完毕后，应更换保险柜密码和重要工作台(室)的锁具。

⑤ 实行会计电算化的单位，对有关电子数据应当在电子计算机上进行实际操作，以检查电子数据的运行和有关数字的情况。

⑥ 对接管出纳人员进行有关业务介绍，以保证后任出纳工作的顺利进行。业务介绍主要包括：工作职责和工作范围，每期固定办理的业务介绍，复杂业务的具体说明，历史遗留问题及其他需要说明的事项。

(3) 交接结束。

交接要求进行财产清理，做到账账、账实、账款核对无误。交接完毕后填妥移交清册，移交人、接管人和监交人三方要在移交清册上签名或盖章。移交清册必须具备以下几项内容。

① 单位名称。

② 交接日期。

③ 交接双方和监交人的职务及姓名。

④ 移交清册页数、份数和其他需要说明的问题和意见。

移交清册一般一式三份,其中交接双方各执一份,另一份作为会计档案,在交接结束后归档保管。

为保证会计记录的连续完整,接管人员应继续使用移交前的账簿,不得自行另立新账。

● 典型业务操作

典型工作任务　出纳工作交接

【任务描述】2020年1月1日一早,财务经理钱光照召开部门会议,布置2019年财务工作的要求。按部门轮岗的要求,出纳工作由范青青移交给米乐负责。会议后,双方办理了工作交接手续。

【业务处理流程】

出纳工作交接业务处理流程如图2-296所示。

图2-296　出纳工作交接业务处理流程

【业务指导】

(1) 出纳人员整理应移交的各种资料,对未了事项要写出书面说明;编制出纳工作交接书(见图2-297),列明移交的账簿、凭证、现金、印鉴和其他物品的具体名称及数量。

(2) 交接双方要按照移交清册列明的内容,进行逐项交接。交接人员应当按照移交清册当面点收。会计主管对交接过程进行监督。

(3) 交接完毕后填妥出纳工作交接书,移交人、接管人和监交人三方要在出纳工作交接书和日记账的账簿启动交接表(见图2-298)上签名或盖章。

出纳工作交接书

原出纳范青青,因财会岗位定期轮岗,将出纳工作移交给米乐接管。现办理如下交接。

一、交接日期

2020 年 1 月 1 日。

二、具体业务的移交

1.库存现金 1 月 1 日账面余额 18 726.00 元,与实存相符,日记账余额与总账相符;

2.银行存款 1 月 1 日账面余额 2 054 784.84 元,与银行对账单余额核对相符,已编银行存款余额调节表。

三、移交的会计凭证、账簿、文件

1.本年度现金日记账一本;

2.本年度银行存款日记账一本;

3.空白现金支票 3 张(67930023 号至 67930025 号);

4.空白转账支票 16 张(23097110 号至 23097125 号);

5.支票领用登记簿一本;

6.收据一本;

7.保险柜一个,点钞机一个。

四、印鉴

1.财务转讫印章一枚。

2.财务现金收讫印章一枚。

3.财务现金付讫印章一枚。

4.法定代表人私章一枚。

五、交接前后工作责任的划分

2020 年 1 月 1 日前的出纳责任事项由范青青负责,2020 年 1 月 1 日起的出纳工作由米乐负责。以上事项均经交接双方认定无误。

六、本交接书一式三份,双方各持一份,存档一份

移交人:范青青
接管人:米乐
监交人:钱光照
北京佳康宝健身器材有限公司
2020 年 1 月 1 日

图 2-297 出纳工作交接书

账簿启动交接表

单位名称	北京佳康宝健身器材有限公司								单位公章	
账簿名称	银行存款日记账									
账簿编号	002									
账簿页数	100									
启动日期	2019 年 1 月 1 日									
单位负责人	王天一			财务负责人			钱光照			
交接记录	经管人员		接管			交出			监交人员	
	职务	姓名	年	月	日	盖章	年	月	日	盖章	姓名	盖章
		范青青	2019	1	1	范青青	2019	12	31	范青青	钱光照	钱光照
		米乐	2020	1	1	米乐						

图 2-298　账簿启动交接表

任务 5.2　出纳档案保管

◎ 知识链接

1. 出纳档案的保管范围

出纳档案是会计档案的重要组成部分，是记录出纳业务内容、明确相关经济责任的书面证明，具体包括以下几类。

(1) 会计凭证类，包括反映资金收付业务的原始凭证、记账凭证、汇总凭证及其他出纳凭证。

(2) 会计账簿类，包括现金日记账、银行存款日记账、其他货币资金明细账、其他辅助性账簿。

(3) 财务会计报告类，包括月度、季度、半年度、年度的出纳报告。

(4) 其他会计资料类，包括银行存款余额调节表、银行对账单；作为收付依据的合同、协议及其他文件；按规定应单独存放保管的重要票证单据，如作废的支票、作废的发票存根联与发票、作废的收据存根联与收据；出纳档案移交清册、出纳档案保管清册、出纳档案销毁清册以及其他具有保存价值的资料。

2. 出纳档案的保管期限

会计档案的保管期限分为永久、定期两类。定期保管期限一般分为 10 年和 30 年。会计档案的保管期限为最低保管期限，从会计年度终了后的第一天算起，具体规定如表 2-16 所示。

表 2-16 会计档案保管期限

序号	档案名称	保管期限	备注
一	会计凭证类		
1	原始凭证	30 年	出纳保管当年的资金收付凭证
2	记账凭证	30 年	出纳保管当年的资金收付凭证
二	会计账簿类		
3	总账	30 年	
4	明细账	30 年	出纳保管当年的其他货币资金明细账
5	日记账	30 年	出纳保管当年的日记账
6	固定资产卡片		固定资产报废清理后保管 5 年
7	其他辅助性账簿	30 年	
三	财务会计报告类		
8	月度、季度、半年度财务会计报告	10 年	
9	年度财务会计报告	永久	
四	其他会计资料类		
10	银行存款余额调节表	10 年	
11	银行对账单	10 年	
12	纳税申报表	10 年	
13	会计档案移交清册	30 年	
14	会计档案保管清册	永久	
15	会计档案销毁清册	永久	
16	会计档案鉴定意见书	永久	

注：财政总预算、行政单位、事业单位和税收会计档案保管期限另有规定。

3. 出纳档案的保管责任

(1) 出纳人员在年度业务核算过程中需保管相关的出纳档案。当年形成的会计凭证、会计账簿、银行对账单及银行余额调节表等会计档案，在会计年度终了后，可由单位会计机构临时保管一年，再移交单位档案管理机构保管。临时保管期间，会计档案的保管应当符合国家档案管理的有关规定，且出纳人员不得兼管会计档案。

(2) 应当严格按照制度利用会计档案，在进行会计档案查阅、复制、借出时履行登记手续，严禁篡改和损坏。单位保存的会计档案一般不得对外借出。确因工作需要必须借出的，应当严格按照规定办理相关手续。会计档案借用单位应当妥善保管和利用借入的会计档案，确保借入会计档案的安全完整，并在规定时间内归还。

(3) 单位应当定期对已到保管期限的会计档案进行鉴定，并形成会计档案鉴定意见书。会计档案鉴定工作应当由单位档案管理机构牵头，组织单位会计、审计、纪检监察等机构或人员共同进行。经鉴定，仍需继续保存的出纳档案，应当重新划定保管期限；对保管期满，确无保存价值的出纳档案，应当按照以下程序销毁。

① 单位档案管理机构编制会计档案销毁清册，列明拟销毁会计档案的名称、卷号、册数、起止年度、档案编号、应保管期限、已保管期限和销毁时间等内容。

② 单位负责人、档案管理机构负责人、会计管理机构负责人、档案管理机构经办人、会计管理机构经办人在会计档案销毁清册上签署意见。

③ 单位档案管理机构负责组织会计档案销毁工作，并与会计管理机构共同派员监销。监销人在会计档案销毁前，应当按照会计档案销毁清册所列内容进行清点核对；在会计档案销毁后，应当在会计档案销毁清册上签名或盖章。

电子会计档案的销毁还应当符合国家有关电子档案的规定，并由单位档案管理机构、会计管理机构和信息系统管理机构共同派员监销。

同 步 练 习

一、单项选择题

1. 出纳人员因调动工作或离职办理交接手续时，负责监交的人员是( )。
   A. 其他会计人员　　　　　　B. 会计机构负责人
   C. 单位负责人　　　　　　　D. 财政部门派出人员
2. 甲在丙的监督下将出纳资料移交给乙。事后，乙发现该资料存在严重错误，甲以资料已移交为由不予理睬。则应对该资料承担法律责任的是( )。
   A. 甲　　　　B. 乙　　　　C. 丙　　　　D. 甲、乙和丙
3. 出纳人员可以兼任的工作是( )。
   A. 稽核　　　　　　　　　　B. 会计档案管理
   C. 收入、费用的登记　　　　D. 固定资产登记卡的填制
4. 会计档案保管期限分为永久和定期两类。定期保管会计档案的最长期限是( )年。
   A. 5　　　　B. 10　　　　C. 25　　　　D. 30
5. 出纳工作交接书应一式( )份。
   A. 一　　　　B. 二　　　　C. 三　　　　D. 四

二、多项选择题

1. 会计档案一般可分为( )。
   A. 会计凭证类　B. 会计账簿类　C. 财务会计报告类　D. 其他会计资料类
2. 需要办理出纳工作交接手续的情形有( )。
   A. 出纳人员调动工作　　　　B. 出纳人员轮岗
   C. 出纳人员因病临时离职　　D. 临时离职出纳人员恢复工作
3. 会计档案的保管期限一般分为( )。
   A. 10年　　　B. 20年　　　C. 30年　　　D. 永久
4. 会计档案销毁时，一般应由( )在销毁清册上签署意见。
   A. 单位负责人　　　　　　　B. 会计管理机构负责人
   C. 档案管理机构经办人　　　D. 会计管理机构经办人

5. 出纳交接时需交接的是( )。
   A. 财务专用章　　B. 法人名章　　C. 个人名章　　D. 财务转讫章

三、判断题

1. 出纳人员不得兼任收入、费用账目的登记工作。　　　　　　　　　　( )
2. 接管人员在交接时因疏忽没有发现所接会计资料存在问题的，应由接管人员对该资料承担相应的法律责任。　　　　　　　　　　　　　　　　　　　　　　( )
3. 出纳人员可以兼管会计档案保管工作。　　　　　　　　　　　　　　( )
4. 没有办清交接手续的会计人员，一律不得调动或离职。　　　　　　　( )
5. 现金日记账和银行存款日记账一般应保存10年。　　　　　　　　　　( )

四、案例分析题

2019年1月，市财政部门到信阳公司进行例行检查的时候发现以下问题。

(1) 出纳人员李某因病住院半个月，在其离职期间由负责总账工作的赵某临时代替其工作；因是临时代替，所以双方未办理交接手续，赵某一直以李某的名义完成出纳的工作。

(2) 2018年年末，信阳公司办公地点搬迁，档案管理部门在整理单位档案时，将一批保管期限超过20年的会计档案集中进行了销毁。

要求：请指出信阳公司以上做法有何不当之处。

第三部分 综合技能训练

训练任务

佳康宝公司 2019 年 12 月初库存现金及银行存款账面资料如表 3-1 所示。

表 3-1　佳康宝公司 2019 年 12 月初库存现金及银行存款账面资料

总账科目	12 月 1 日期初余额	1—11 月借方累计发生额	1—11 月贷方累计发生额
库存现金	11 070.00	125 000.00	125 730.00
银行存款	835 000.00	8 418 040.00	12 025 200.00

2019 年 12 月发生以下经济业务。

业务 1：2019 年 12 月 3 日，把当日员工还款获得的现金 2 000 元，存入银行，并登记相关账簿。

业务 2：2019 年 12 月 4 日，收到业务员交来的一张转账支票，为应收的北京天健健身器材有限公司货款，办理进账并据此登记相关账簿。

业务 3：2019 年 12 月 5 日，签发现金支票提取备用金 10 000 元并登记账簿。

业务 4：2019 年 12 月 5 日，收到银行代扣代缴上月增值税回单并登记账簿。

业务 5：2019 年 12 月 7 日，购买转账支票一本(每本 25 元)并登记账簿。

业务 6：2019 年 12 月 8 日，支付员工柳菲菲借款并登记相关账簿。

业务 7：2019 年 12 月 8 日，管理部门报销业务招待费，以现金支付并登记相关账簿。

业务 8：2019 年 12 月 10 日，销售部门申请支付广告费，以支票支付并登记相关账簿。

业务 9：2019 年 12 月 10 日，收到业务员交来的一张转账支票，转让给北京华丽金属制品有限公司以抵付货款。

业务 10：2019 年 12 月 14 日，通过汇兑方式支付前欠的上海新锐工艺有限公司货款并登记相关账簿。

业务 11：2019 年 12 月 14 日，收到北京天恒贸易有限公司签发的银行本票用于支付前欠的货款 98 000 元，开具支票退还多余款项，并登记相关账簿。

业务 12：2019 年 12 月 14 日，柳菲菲报销办公费，以现金支付并登记相关账簿。

业务 13：2019 年 12 月 17 日，去银行取回收账通知，并据此登记相关账簿。

业务 14：2019 年 12 月 17 日，申请银行汇票支付货款。

业务 15：2019 年 12 月 17 日，银行汇票结算货款后，收回多余款项。

业务 16：2019 年 12 月 18 日，审核采购员成吉巍的借款单，并据此登记相关账簿。

业务 17：2019 年 12 月 21 日，收到银行存款利息清单。

业务 18：2019 年 12 月 21 日，收到采购员成吉巍交来的报销单及剩余现金 290 元，并据以登记相关账簿。

业务 19：2019 年 12 月 25 日，签发一份 3 个月的银行承兑汇票，用以支付货款。

业务 20：2019 年 12 月 27 日，将到期日为 2019 年 12 月 30 日的银行承兑汇票到开户银行办理邮划托收，并据此登记相关账簿。

业务 21：2019 年 12 月 30 日，将到期日为 2019 年 2 月 22 日、3 个月期限的银行承兑

汇票到银行贴现，年贴现率为4.8%，并据此登记相关账簿。(异地结算贴现期加算3天)

业务22：2019年12月31日，收到付款通知书，支付银行手续费，据此登记相关账簿。

业务23：2019年12月31日，月末对库存现金进行盘点，现金实存数为3 570元，填制库存现金盘点表并登记账簿。

业务24：2019年12月31日，对银行存款日记账进行结账。

业务25：2019年12月31日，对库存现金日记账进行结账。

训练目的

掌握出纳岗位日常业务的会计处理及业务处理流程，能准确填制或审核原始凭证，会编制记账凭证，能正确登记库存现金和银行存款日记账。

训练要求

请担任佳康宝公司的出纳人员，处理以上经济业务。以上业务相关的原始凭证记录见背景资料中各业务的附件(记账凭证可自行准备)。

背景资料

业务1-1　现金解款单

第三部分 综合技能训练

业务 2-1 转账支票正面

业务 2-2 转账支票背面

业务 2-3 进账单

第三部分 综合技能训练

业务 3-1　提现申请单

提现申请单

2019年 12月 05日

收款单位	北京佳康宝健身器材有限公司		
地址	北京东城区朝阳门北大街9号	联系电话	010-23345676
收款人开户行	交通银行北京东城区支行	开户账号	110007611018000642118
内容	提取备用金		
大写	人民币壹万元整	￥10000.00	

审批：王天一　　　审核：钱光照　　　经办人：

业务 3-2　现金支票正面

业务 3-3　现金支票背面

业务 4-1　电子缴税付款凭证

北京市电子缴税付款凭证

转账日期：	2019年 12月 05日			
付款人全称：	北京佳康宝健身器材有限公司			
纳税人全称：	北京佳康宝健身器材有限公司	纳税人识别号：	110101102791985	
付款人账号：	110007611018000642118	征收机关：	北京国家税务局东城区分局	
付款人开户银行：	交通银行北京东城区支行	收款国库（银行）：	国家金库北京市分库	
小写（合计）金额：	￥195022.90	缴款书交易流水：	2019120511597329	
大写（合计）金额：	壹拾玖万伍仟零贰拾贰元玖角	税票号码：	351613000060358971	
税种名称		所属日期起	所属日期止	税种金额
增值税		20191101	20191130	￥195022.90

（交通银行北京东城区支行业务受理章（02））

打印时间：2019-12-05　09:15:35

业务 5-1　空白凭证领用单

业务 6-1 借款单

借款单

2019年12月08日 第 079 号

借款部门	行政部	姓名	柳菲菲	事由	预借办公费

借款金额（大写）	零万 肆仟 零佰 零拾 零元 零角 零分	¥ 4000.00

（现金付讫）

部门负责人签署	唐文芳	借款人签章	柳菲菲	注意事项	一、凡借用公款必须使用本单 二、第三联为正式借据由借款人和单位负责人签章 三、出差返回后三天内结算
单位领导批示	王天一	财务经理审核意见	钱光照		

第三联记账凭证

业务 7-1 餐饮费发票

北京增值税普通发票 No 88620112

1101012150

开票日期：2019年12月08日

购买方	名称：北京佳康宝健身器材有限公司 纳税人识别号：110101102791985 地址、电话：北京东城区朝阳门北大街9号，010-23345678 开户行及账号：交通银行北京东城区支行，110007611018000642118	密码区	3-65745<19458<3840481 75/375038481*7)+>-2//5 >*8574567-7<8*873/+<4 13-3001152-/>7142>>8- 加密版本：01 1101012150 00034529

货物或应税劳务、服务名称	规格型号	单位	数量	单价	金额	税率	税额
餐饮费					5825.24	3%	174.76
合　计					¥ 5825.24		¥ 174.76

价税合计（大写）	⊗ 陆仟元整	（小写）¥ 6000.00

销售方	名称：北京民族饭店有限公司 纳税人识别号：11010300052 7392 地址、电话：北京市西城区复内大街53号 开户行及账号：中国银行西城支行 220206001054784

收款人：　　复核：　　开票人：王秀金

（北京民族饭店有限公司 11010 3000527392 发票专用章）

业务 7-2 餐饮费报销单

报 销 单

填报日期：**2019** 年 **12** 月 **08** 日　　　　　　单据及附件共 **1** 张

姓名	唐文芳	所属部门	行政部	报销形式	现金
				支票号码	

报销项目	摘　要	金　额	备注
业务招待费		6000.00	
合　　计		￥6000.00	

金额大写：零 拾 零 万陆 仟零 佰零 拾零 元零 角零 分　　原借款：0.00 元　　应退款：　　　元　　应补款：￥6000.00 元

总经理：**王天一**　　财务经理：**钱光照**　　部门经理：**唐文芳**　　会计：**叶海柔**　　出纳：　　　领款人：**唐文芳**

业务 8-1 发票

北京增值税专用发票

1100012150　　　　　　　　　　　　　　　　　No 00034529

开票日期：2019年12月10日

购买方	名称：北京佳康宝健身器材有限公司
	纳税人识别号：110101102791985
	地址、电话：北京东城区朝阳门北大街9号，010-23345676
	开户行及账号：交通银行北京东城区支行，110007611018000642118

密码区：
3-65745<19458<3840481
75/37503848*7>+>-2//5
>*8574567-7<8*873/+<4
13-3001152-/>7142)>8-

加密版本：01
1100012150
00034529

货物或应税劳务、服务名称	规格型号	单位	数量	单价	金额	税率	税额
广告费					6000.00	6%	360.00
合　计					￥6000.00		￥360.00

价税合计（大写）：⊗陆仟叁佰陆拾元整　　（小写）￥6360.00

销售方	名称：北京未来广告有限公司
	纳税人识别号：110101110248466
	地址、电话：北京市东城区新街口176号，010-86424772
	开户行及账号：中国工商银行北京分行，110007611018000642200

收款人：　　　复核：　　　开票人：孙鹏

（北京未来广告有限公司 发票专用章 11010110248466）

第三联：发票联　购买方记账凭证

业务 8-2　付款申请书

付款申请书
2019年12月10日

用途及情况	金 额										收款单位(人)：北京未来广告有限公司
支付广告费	亿	千	百	十	万	千	百	十	元	角	分	账　号：11000761101800064 2200
					¥	6	3	6	0	0	0	开户行：中国工商银行北京分行
金额（大写）合计：陆仟叁佰陆拾元整												电汇：□　信汇：□　汇票：□　转账：☑　其他：□
总经理	王天一		财务部门	经理	钱光照		业务部门	经　理	林凯哲
				会计	郑敏			经办人	蓝水山

业务 8-3　转账支票

交通银行 转账支票存根
10201120
23010901

附加信息
出票日期　年　月　日
收款人：
金　额：
用　途：
单位主管　会计

交通银行　转账支票
10201120
23010901

出票日期（大写）　年　月　日　付款行名称：交通银行北京东城区支行
收款人：　　　　　　　　　　　　　出票人账号：11000761101800064 2118
人民币（大写）　　　　　　　　　　亿千百十万千百十元角分
用途
上列款项请从
我账户内支付
出票人签章　　　　　　　　　密码
　　　　　　　　　　　　　　行号
　　　　　　　　　　　　　　复核　记账

付款期限自出票之日起十天

业务 9-1　转账支票正面

交通银行　转账支票
30109320
23909844

出票日期（大写）　贰零壹玖年　壹拾贰月　零壹拾日　付款行名称：交通银行北京东城区支行
收款人：北京佳康宝健身器材有限公司　出票人账号：11000581101800061 2358
人民币（大写）　壹拾陆万壹仟肆佰壹拾柒元肆角整　　亿千百十万千百十元角分
￥161417 40
用途　支付货款
上列款项请从
我账户内支付
出票人签章（财务专用章；东吴印魏）　密码　2805-0432-0391-3949
　　　　　　　　　　　　　　　　　　行号
　　　　　　　　　　　　　　　　　　复核　记账

付款期限自出票之日起十天

业务 9-2　转账支票背面

业务 10-1　付款申请书

业务 10-2　结算业务申请书

业务 11-1　银行本票正面

业务 11-2　银行本票背面

业务 11-3　进账单

业务 11-4　转账支票

业务 12-1　发票

业务 12-2　报销单

业务 12-3　原借款单

业务 13-1　银行业务回单

业务 14-1　发票

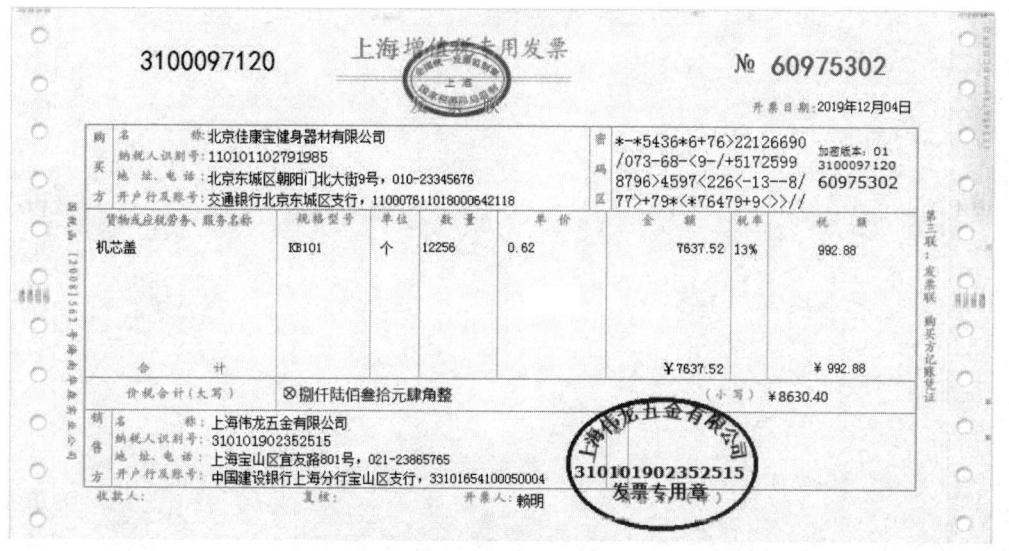

业务 14-2 付款申请书

用途及情况	金额										收款单位(人)：上海伟龙五金有限公司
申请银行汇票	亿	千	百	十	万	千	百	十	元	角	分	账号：33101654100050004
				￥	1	0	0	0	0	0	0	开户行：中国建设银行上海分行宝山区支行
金额(大写)合计：人民币壹万元整												电汇：☐ 信汇：☐ 汇票：☐ 转账：☑ 其他：☐
总经理	王天一		财务部门	经理	钱光照		业务部门	经理	钱光照			
				会计	郑敏			经办人	郑敏			

付款申请书
2019年12月17日

业务 14-3 结算业务申请书

业务 14-4 银行汇票

业务 15-1　银行汇票多余款收账通知联

业务 16-1　借款单

借款单

2019 年 12 月 18 日　　　　　　第 2101 号

借款部门	采购部	姓名	成吉巍	事由	出差预借差旅费	
借款金额（大写）	零万伍仟零佰零拾零元零角零分				￥5000.00	
部门负责人签署	成宝凤	借款人签章	成吉巍	注意事项	一、凡借用公款必须使用本单 二、第三联为正式借据由借款人和单位负责人签章 三、出差返回后三天内结算	
单位领导批示	王天一	财务经理审核意见	钱光照			

业务 17-1　银行存款利息清单

业务 18-1　差旅费报销单

第三部分 综合技能训练

业务 18-2　收款收据

收　款　收　据
年　月　日　　　NO.00490059

今收到：_____

交　来：_____

金额（大写）　拾　万　仟　佰　拾　元　角　分

¥ _____　□现金　□支票　□信用卡　□其他　　收款单位（盖章）

核准　　会计　　记账　　出纳　　经手人

第三联 交财务

业务 19-1　发票

北京增值税专用发票

1100091134　　　No 64532147

开票日期：2019年12月07日

| | | | 密码区 | *-*5436*6+76>22126690
/073-68-<9-/+5172599
8796>2417<226<-13--8/
77>+79<*76479+9<>// | 加密版本：01
1100091134
64532147 |

购买方：
名　称：北京佳康宝健身器材有限公司
纳税人识别号：110101102791985
地址、电话：北京东城区朝阳门北大街9号，010-23345678
开户行及账号：交通银行北京东城区支行，11000761101800064 2118

货物或应税劳务、服务名称	规格型号	单位	数量	单价	金额	税率	税额
手控盒		个	5128	10.87	55741.59	13%	7246.41
小机芯		个	8787	42.70	375203.54	13%	48776.46
合　计					¥430945.13		¥56022.87

价税合计（大写）　⊗肆拾捌万陆仟玖佰陆拾捌元整　　¥486968.00

销售方：
名　称：北京华丽金属制品有限公司
纳税人识别号：110101045615075
地址、电话：北京东城区和平里东街22号，010-88227854
开户行及账号：中国农业银行北京分行东城区支行，11004700040004170

收款人：　　　复核：　　　开票人：王亚　　　销售方：（章）

北京华丽金属制品有限公司
110101045615075
发票专用章

第三联 发票联 购买方记账凭证

业务 19-2　付款申请书

付款申请书
2019 年 12 月 25 日

用途及情况	金　额										收款单位(人)	北京华丽金属制品有限公司
申请银行承兑汇票	亿	千	百	十	万	千	百	十	元	角	分	账　号：1104700040004170
			￥	4	8	6	9	6	8	0	0	开户行：农业银行北京分行东城区分行

金额（大写）合计： 人民币肆拾捌万陆仟玖佰陆拾捌元整　　电汇：□　信汇：□　汇票：□　转账：☑　其他：□

总经理	王天一	财务部门	经理	钱光照	业务部门	经理	咸宝凤
			会计	郑敏		经办人	咸吉巍

业务 19-3　银行承兑汇票

银行承兑汇票　　2　68791083
　　　　　　　　　　　　　78791085

出票日期（大写）　　年　　月　　日

出票人全称		收款人	全　称	
出票人账号			账　号	
付款行名称			开户银行	
出票金额	人民币（大写）			亿千百十万千百十元角分
汇票到期日（大写）		付款行	行号	
承兑协议编号			地址	

本汇票请你行承兑，到期无条件付款。　　本汇票已经承兑，到期日由本行付款。　　密押

承兑行签章

出票人签章　　承兑日期　　年　　月　　日

备注：　　复核　　记账

此联收款人开户行随托收凭证寄付款行作借方凭证附件

业务 20-1 银行承兑汇票正面

业务 20-2 银行承兑汇票背面

业务 20-3　托收凭证

业务 21-1　银行承兑汇票

业务 21-2 贴现凭证

业务 22-1 银行付款通知书

业务 23-1 现金盘点表

库存现金盘点表

盘点日期：2018 年 12 月 31 日

账存金额	实存金额	盘盈	盘亏	备注

盘点人员：　　　　　　　　　出纳人员：

业务 24　银行存款日记账

银行存款日记账

年		凭证		对方科目	摘要	借方										贷方										借或贷	余额										✓
月	日	种类	号数			亿	千	百	十	万	千	百	十	元	角	分	亿	千	百	十	万	千	百	十	元	角	分		亿	千	百	十	万	千	百	十	元	角	分	

业务 25　库存现金日记账

库存现金日记账

年		凭证		对方科目	摘要	借方										贷方										借或贷	余额										✓
月	日	种类	号数			亿	千	百	十	万	千	百	十	元	角	分	亿	千	百	十	万	千	百	十	元	角	分		亿	千	百	十	万	千	百	十	元	角	分	

参 考 文 献

[1] 高翠莲. 出纳业务操作[M]. 2版. 北京：高等教育出版社，2014.
[2] 李华. 出纳实务[M]. 3版. 北京：高等教育出版社，2014.
[3] 赵宇，张瑶. 新编企业出纳实务[M]. 2版. 南京：南京大学出版社，2015.